おしゃれが苦手でも
センスよく見せる

最強の「服選び」

3000人のファッション初心者を
おしゃれに変えたスタイリスト
大山旬

大和書房

はじめに

3000人の人生を変えてきたスタイリスト

僕はパーソナルスタイリストという仕事をしています。

スタイリストというと、芸能人やモデルをコーディネートするような華やかなイメージを持っているかもしれません。でも、僕がコーディネートするのは、芸能人やモデルのように容姿端麗《ようしたんれい》の人たちではありません。

- どんな服を着ればいいのかわからない
- 自分のファッションセンスに自信がない
- ファッションでコンプレックスを解消したい
- もっと自分のファッションに自信を持ちたい

このように身近なファッションの悩みを持つ一般の人を対象に、一緒にお店をまわりながら、マンツーマンでファッションコーディネートを行なっています。

ただ、僕が提供しているのは、おしゃれな服をお客さんの代わりに選ぶことではありません。おしゃれの方法をお伝えして、自分で素敵な服を選べるようになってもらうことが一番の目的です。

いわば「ファッションの個別指導」といったほうが近いかもしれません。これまで7年に渡り、3000名以上のファッションの悩みに向き合ってきました。

そして、日々のスタイリングの中で僕がお客さんに提案しているのは、流行をふんだんに取り入れた最新のファッションではありません。

ベーシックかつオーソドックスなファッション、つまり、「ふつうの服をふつうに着る」ということです。

実生活の中で変に目立ちすぎず、周囲の人たちに「さりげなく好印象を与える」ということをもっとも大切に考えています。

見た目で損している男性が多すぎる

なぜ、大人の男性にとってそのようなファッションが大切なのでしょうか？

服なんて着られれば十分ですし、機能的なものを着るのが一番。そう考えている人も少なくないかと思います。

ひょっとしたら、わざわざファッションを磨くことに、あまり必要性を感じていないかもしれません。

でも、あえて僕は断言します。

大人になった今だからこそ、ファッションはとても重要なものです。

おしゃれが苦手な人をコーディネートする中で、いかにファッションで損をしている人が多いかを日々実感しています。

もちろん、外見よりも中身が大切なのは言うまでもありません。ところが、人と初対面の際にまず目に飛び込んでくるのはその人の外見です。

私たちは、その人の外見から多くの情報を得て、パーソナリティーを判断しています。例えるなら、スーパーで買い物しているときと似たような感覚です。

同じ食べ物でも、外側のパッケージ次第でおいしそうに見えたり、イマイチに見えたり、私たちは外側の情報で中身の味をなんとなく想像するものです。

これは人とのときにも同じことが言えます。**ファッションという外側の情報で、その人がどんな人なのかを私たちは無意識のうちに察します。**

- 清潔感がない
- だらしなさそう
- あまり信頼できない

このように思われてしまうと、その後に挽回《ばんかい》するのがとても面倒になります。

プライベートの場だけではなく、ビジネスシーンでも同じことが言えます。もっとも肝《かん》心《じん》な中身以外の「外側の情報」だけで、その人の印象が大きく変わってしまうのです。

僕が、ファッションが大切だと思う理由はまさにここにあります。

もっとも大切な中身を誤解のないように伝えるためには、ファッションをある程度整えておくことがとても大切なのです。

ファッションが変われば、仕事も恋愛もうまくいく

僕のお客さんで、中学校の教員をしている方がいます。

その方は、生徒にからかわれることが多いという悩みを抱えていました。

たしかに、その方が着ていた服は年齢のわりに古臭く、野暮《やぼ》ったい印象を受けました。

生徒たちの前で堂々と自信を持って振舞えるようになるために、まずはファッションを変えようということでスタイリングのご依頼をいただきました。


その方は38歳のとても優しい人柄でした。**その雰囲気を損なわないように、ベーシックで清潔感のあるファッションをご提案しました。**

すると、生徒からの反応は明らかに変わりはじめました。からかわれることがなくなり、同僚の先生たちからも褒《ほ》められる機会が増えたそうです。今では学校で人気の先生と

なりました。

また、今まで一度も彼女ができたことがなかった方のスタイリングを担当したこともあります。その方は、ファッションを変えてから半年後には彼女ができ、2年後にはめでたくご結婚されました。

見た目のうえで女性からの印象がよくなったのはもちろんですが、**何よりもファッションを変えたことで自信が持てるようになったというのが一番の変化です。**

ファッションを変えたことで、外出することが増えたり、新しい人との出会いが楽しくなったという人も多いです。ファッションは休日の過ごし方にまで大きな変化を与えるのです。

自信がつくとコンプレックスもなくなる

また、コンプレックスを解消したいという目的で、僕のスタイリングを受けてくださる方も多いです。たとえば身長が低い、または薄毛で悩んでいるなど、外見のコンプレックスを長年抱えている方にもファッションは大きな力を与えてくれます。

僕自身、身長が低いのがコンプレックスに感じていた時期がありました。人からどのように見られているのかが気になって、自分にあまり自信が持てなかったのです。

そして、失った自信を取り戻すべく、ファッションをひたすら磨きました。身長が低くても、見せ方を変えれば十分素敵に見せることはできます。

体型や容姿などはすぐには変えられませんが、ファッションだったらその気になれば今日からでもすぐに変えることができます。

僕がお客さんに提案しているのは「とびっきりおしゃれなファッション」ではありません。今のご自身の雰囲気に合ったベーシックなファッションに変えるだけです。

たったそれだけのことで周囲の反応は大きく変わります。

ファッションが変わると何が変わるのか。それは、先ほどの方々のように、自分に自信が持てるようになるということです。ファッションの変化は、私たちの生活に大きな影響を与えるものなのです。

時間とお金をかけない最強の服選び

10代や20代前半であれば、何を着てもそれなりによく見えるものです。しかし30歳を過ぎると、体型も変わりますし、雰囲気も変わります。**これまでどおりの自己流の服選びでは、なかなか素敵には見えにくくなります。**

「最近服があまり似合わなく感じるようになった」というのにも実は原因があるのです。

今までどおりの服選びの習慣をこのままずっと続けるのか、それとも今の自分に合った服の選び方を模索するのか、今まさに方向転換にはちょうどいいタイミングなのだと思います。

しかし、いざファッションを変えるとなると、センスが必要だったり、お金が必要だったり、なかなかハードルが高いもののように感じる人も多いかと思います。

でも、心配はいりません。

服選びには実は「コツ」があります。

そのコツさえ身につけてしまえば、ファッションを変えることはそんなに難しいことではありません。実際、センスがよさそうに見える人というのは、これまでにいろいろな失敗を繰り返しながら、そのコツを実体験の中から身につけてきた人たちです。

しかし、ファッションにあまり興味のない人が、今から失敗を重ねながらファッションを磨くというのはあまり現実的ではありません。

でも、安心してください。

服選びのコツをまずは知識として吸収して、あとはそれを実践するだけで最短距離でファッションを磨くことができます。何も難しいことはありません。その方法についてこの本ではお伝えしたいと思っています。

どんなにファッションに興味がなくても、私たちは日々何かを着なくてはならないものです。みなさんも年に数回は貴重な時間を使って、あまり好きでもない服を買いに出かけるはずです。

その度に買う服に迷ったり、よくわからないまま服を買ってしまい後悔をしてみたり、少なからずファッションに悩みを抱えているはずです。

明確な基準がないまま買い物をするのではなく、どこで何を買えばいいのか、買ったものをどのように組み合わせるのか、どれだけの数を持っておけばいいのか、**このような基本的な知識を身につけることで、服選びの手間は大きく省くことができます。**この機会にぜひご自身のファッションを見直してみてください。

この本が目指すのは、最新のファッションの楽しみ方でも、おしゃれ上級者になることでもありません。**僕たちが日々生活をする上で、ラクで迷わないためのファッションの基本知識**をお伝えしていきたいと思っています。

この本が読み終わる頃には、新しい自分への第一歩を踏み出しているでしょう。

第2章

プライベートに自信がつく!

「カジュアル着」の法則

第3章 一目で信頼されるようになる！「スーツスタイル」の法則

第4章
「ジャケパン」の法則
きれいめの私服からビジネスまで活躍！

第5章　さらにおしゃれを磨くテクニック

第6章 最強の定番アイテム&コーディネート

カジュアル着のコーディネート

第1章

男のおしゃれの超・基本ルール

なぜ服が似合わなく感じるのか？

「最近、自分のファッションに違和感を覚えるようになってきた……」

30歳くらいから、このように感じる人が増えます。いつもどおりのファッションのはずなのに、なぜか違和感がある……。僕のお客さんにもそんなファッションの悩みを抱える30〜40代男性がとても多いです。

仕事、家庭、プライベート、30代を迎える多くの男性は忙しい日々を過ごしています。その中で自分のファッションについて深く考える時間の余裕はほとんどないのが現実です。

しかも、社会人になると私服で過ごす時間は週に2回ほどなので、あまりファッションについて深く考える必要もなくなります。その結果、**学生の頃からほとんどファッションが変わっていない**という人は非常に多いです。

学生時代はまだ若いので、何を着ていても「それなり」に見えてしまうものです。ところが歳を重ねると、学生の頃のようにはいきません。

まず、体型が変わります。肌の質感も変わります。髪の毛の量や太さが変わります。良くも悪くも、若い頃のままではありません。それにもかかわらず、ファッションだけはずっと変わらない人が多いのです。

そうすると、**歳を重ねた自分と着ている服との間に大きなギャップが生じます。**これこそが、ファッションが似合わなく感じる一番の理由です。

僕のところにファッションの相談に来る人も同じです。学生時代から服を買う店がほとんど変わっていません。ファッションは変わらないのに、顔と体型はすっかり大人の男性になってしまっているのです。

昔はそこそこファッションに気を配っていた人も、30代に入ると何を着ればいいのかがわからないという人も少なくありません。**社会人になってから10年以上の「ファッションブランク期間」があるため、今の自分に似合うものがわからなくなるのです。**

20代には20代に似合う服があります。若いからこそ流行を楽しむということはとても大切です。勢いで着てしまえる服もたくさんあります。

同じように30代、40代の大人の男性だからこそ似合う服があります。若い頃には似合わなかったけれど、年を取るにつれて似合うようになる服があるのです。

学生時代のファッションをずっと引きずるのではなく、**今の年齢に合ったファッションにアップデート**しなくてはいけません。

まずは、学生時代から引きずっているファッションを卒業しましょう。特に次のようなアイテムは30代以降はやめるべきです。

・量販店で買った派手なプリントTシャツ
・ボタンが黒かったり、ステッチが目立つシャツ
・裾の折り返し部分にチェック柄が入っているボトムス
・6部丈などの半端な丈のボトムス
・先が尖ったり、装飾の多い靴
・アクセサリーの重ねづけ
・ピチピチのタイトすぎる服

・目立つ柄や色使いの服

実はこれらのアイテムには共通項があります。それは、**おしゃれに見せようという「頑張っている感」があるということです。**

学生の頃であれば、このようなファッションも若さと勢いで似合ってしまうものなのですが、大人の男性になるとそうはいきません。「無理をしている」「若作りしている」「雰囲気に合っていない」……。そんな印象を与えてしまうのです。

このように10代・20代には似合うけど、大人の男性には似合わないアイテムはたくさんあります。

まずは、これから紹介する8つのルールを学んで、今の自分に似合うファッションを考えていきましょう。

rule 1

最短で80点を目指す

コレをやってはいけない

① おしゃれな雑誌を買う
↓
ハードルが高くて挫折

② センス抜群を目指す
↓
近寄りがたい雰囲気に

ファッションは誰かが教えてくれるものではありません。友達が教えてくれるわけでも、店員さんが教えてくれるわけでもありません。

そのため、おしゃれになりたいと思ったら、まず本屋さんに向かい、ファッション雑誌を読む人が多いのではないでしょうか。

ところが、いざ雑誌を読んでみると、そこに載《の》っているのはどれも高い服ばかり。おまけにスタイル抜群《ばつぐん》のモデルさんがかっこよく流行《はや》りの服を着ているので、なかなか自分が着るイメージが湧《わ》きにくいものです。

そのため、**ファッション誌を読んで、「自分にはやっぱり無理かもしれない」と諦《あきら》めてしまう人も少なくありません。**僕のお客さんにも挫折《ざせつ》してしまった経験がある人が多いです。

でも、考えてみてください。

あなたはどんなファッションを目指しているのでしょうか。ファッション誌に載っているようなおしゃれ上級者？　それとも街で目立つ存在？

僕がお客さんにこの質問をすると、返ってくる答えはこうです。

「そんなにおしゃれすぎなくてもいい」
「さりげなく好感を持ってもらえれば十分」
「大人にふさわしい清潔感のあるファッションに変わりたい」

このような人が圧倒的に多いのです。

ファッション誌に載るようなおしゃれ上級者になりたいという人は、実はほとんどいません。

それよりも、**自分の身の丈《たけ》にあった「自然体のおしゃれ」を身につけたい人が圧倒的に多い**です。そのような人がいきなりファッション誌を読んで、ハードルが高く感じるのも無理がありません。

おしゃれすぎると逆にマイナスの印象に

「自然体のおしゃれ」を実現するために必要な知識は、実はそんなに多くありません。

1年で服に何十万円もかけられる人はごく少数です。そこまでお金をかけなくても、おしゃれになる方法はあります。

また、おしゃれすぎることは、かえってマイナスに働くことも多いです。すごくおしゃれな人って、ちょっと話しにくくありませんか？

もしかしたら、必要以上に気を使ってしまうことも少なくないはずです。

また、**女性の意見を聞くと、おしゃれすぎる男性の好感度は決して高くありません。**キザに見えるし、隣を歩くのがかえって恥ずかしいというのです。女性よりもファッションで目立ってしまうのはあまり好まれません。

〝男性のファッションは、清潔感があってシンプルがいい〟

これが女性の持つ理想の男性ファッション像です。

ファッション誌に載っているようなセンス抜群なファッションは、実生活ではそんなに必要ではありません。

ですので、**100点満点中80点を目指しましょう。**そのために必要な知識は、この本1冊で十分に身につけることができます。それに、基本となる知識は時代によって大きく変化することもありません。

ところが、この「80点ファッション」ができている人はそんなに多くありません。おしゃれな人はとことんおしゃれですが、そうでない人は50点にも満たない場合がとても多いのです。

まずは、いつの時代にも左右されない80点のファッションスキルを身につけましょう。

rule 2

試着して「3分の壁」を乗り越える

コレをやってはいけない

①「○○は苦手」と決めつける
＞
ほとんどは思い込み

② 安心する服ばかり買う
＞
古臭いファッションに陥る

ファッションを改善する際に大きな壁になるのが「苦手意識」です。

僕のお客さんにも、「こういう服は似合わない」「こういう色は苦手」など、ファッションに関する苦手意識を口にする人がとても多いです。

それも当然です。

その人の「今のファッション」は、これまでの習慣の積み重ねでできています。これまで着たことのない服に違和感を覚えたり、一度苦手意識を持ってしまった服がなかなか受け入れられないのは当たり前のことです。

では、本当にその服は似合わないのでしょうか。

僕は日々、お客さんにいろいろな服を提案するのですが、**みなさんが持っているこだわりや苦手意識の多くは「思い込み」**だと感じます。

それでは、なぜ「似合わない」と感じてしまうのでしょうか。

それは、**「その服を着ている自分に見慣れていない」のが原因です。**

普段よく着る服というのは、目が慣れているので違和感なく着られるのですが、これまであまり着たことのない服は見慣れていないので、着た瞬間に「あ、似合わないな」と感じてしまうのです。

まずは、この苦手意識を少しずつ手放すことが大切です。試着をする前に、「見慣れてないのだから、最初は似合わなく感じるのも当然だ」と思ってから着るだけでも、見え方は大きく変わってくるはずです。

ここで一つ、覚えておいてほしいことがあります。

それが、「**3分経てば少しずつ見慣れてくる**」ということです。これは、僕がお客さんと買い物に行くときに必ずお伝えしていることです。

最初に違和感を覚えても、不思議なもので3分経てば少しずつ目が慣れてくるのです。

多くの人は、この「3分の壁」を越えられずに、着た瞬間に「似合わない」と判断して元の服に着替えてしまいます。

それは、とてももったいないことです。まずは試着室の中で鏡を見たり、店員さんとコミュニケーションを取りながら、3分の壁を越えることからチャレンジしてみてください。

「少しの勇気」で新しい自分が見つかる

また、試着をする際には、そのアイテムに合う別の服も提案してもらいましょう。全身でコーディネートしてみないと、そのアイテムの使い方がなかなかイメージしにくいからです。

いろいろな着こなしを試しているうちに、3分はあっという間に過ぎます。その頃には、最初よりずっと見慣れていることに気づくはずです。似合うか似合わないかは3分経ってから判断するようにしましょう。

なぜ、苦手意識を手放すべきかというと、ファッションには変化を取り入れることがとても大切だからです。

ファッションが苦手な人ほど、未体験の服がたくさんあります。**自分が経験したことのある「安心できる服」だけを着ていても、おしゃれになることはありません。**

これまでの価値観の中だけで服を選んでいると、ずっと同じ時代のファッションに留《とど》まってしまうからです。

その時々の空気感を程よく取り入れながら、自分のファッションを少しずつ変化させていくことがとても大切なのです。

僕自身、たくさんの苦手な服がありました。たとえば「帽子」や「ボーダー柄のTシャツ」などは、なかなか好きになれないアイテムでした。これらも試着を繰り返し、少しずつ見慣れることで、今では自分のファッションには欠かせないアイテムとなっています。

食わずぎらいをせず、まずは試着をしてみることが大切です。そして、新たな自分をたった3分間で見つけてみてください。

rule 3

定番ものはしっかり投資。流行ものは安く

コレをやってはいけない

① 流行服ばかり買う
↓
コーディネートで迷う

② 定番服だけを着る
↓
見ていて退屈

大人のファッションを考える際に意識すべきなのが「定番」と「流行」という2つのものさしです。

ショップに並んでいる服は、定番アイテムと流行アイテムに大きく分かれます。どちらが正解というわけではなく、両者をうまくミックスしながらコーディネートを構成することが大切です。

定番というのは、昔から変わらずに存在するアイテムなので新鮮《しんせん》さには欠けますが、見ていて違和感がなく、「自然」に感じられるものです。たとえば、白のボタンダウンシャ

ツやブルージーンズ、無地のTシャツなどが挙げられます。

「違和感なく着られる」というのは、実はとても大切なことです。奇《き》をてらうことだけがおしゃれではありません。

「**ふつうの服を丁寧に着る**」ということが、実はとても大切なのです。

ところが、定番服というのは意外に軽く考えられがちです。あまりにふつうすぎるので、お店にあっても目立ちませんし、あまり気づかれない存在です。

このような定番服よりも流行服のほうが華やかなので、ついそちらにばかり手が伸びてしまうものです。

でも、これは間違いです。**流行の服ばかりを揃《そろ》えると、コーディネートで必ず迷うようになります。**

詳しくは第2章以降で述べますが、まずは派手さのない定番アイテムから買い揃えていきましょう。

そして、定番アイテムにおいて大切なことは、**定期的に入れ替えること**です。

なぜなら、定番アイテムといっても、時代によって少しずつ変化をするものだからです。

すでに持っているからそれをずっと使うというのではなく、数年ごとに買い替えることが大切です。

僕の場合、定番アイテムは3〜5年ごとに買い替えるようにしています。買って数年も経てば素材の風合いも大分くたびれますし、デザインも少しずつ古臭く見えてきます。**3〜5年というのは定番を入れ替えるのにちょうどいいスパンです。**もしクローゼットの中にある定番服が5年以上前のものなら、思い切って入れ替えましょう。

「全身が流行アイテム」は避ける

では、「流行」はまったく必要ないのかといえば、そうではありません。程よく付き合うことが大切です。

定番アイテムは「自然に見える」のでとても便利なものですが、その半面、「退屈に見える」というデメリットがあります。

そのデメリットを補うのが、流行アイテムです。

ただし、全身を流行アイテムでコーディネートするのは非常に難易度が高いですし、80点ファッションを目指すうえでは必要がないことです。

〝定番アイテムの中に、1〜2点だけ流行アイテムを取り入れる〟

それがちょうどいいバランスです。

また、流行アイテムといっても、取り入れやすいものと、そうでないものがあります。「最近着ている人が多いなぁ」「自分にももしかしたら似合うかも」と感じるようなアイテムから試着してみましょう。たとえば、ホワイトジーンズのような一般的にも浸透《しんとう》してきたようなものを取り入れるくらいがちょうどいいと思います。

そして、流行アイテムこそファストファッションブランドを上手に活用してください。**ユニクロにもトレンドアイテムの取り扱いがありますので、まずはそれを試着してみましょう。**

流行のアイテムを上手に使いこなすためには、定番アイテムの土台をしっかり整えておくことが大切です。

定番と流行は相反するのではなく、それぞれの特徴を活かして、うまくミックスすることで素敵なファッションを組み立てることができるのです。

rule 4

「少数精鋭」のクローゼットを目指す

コレをやってはいけない

① 服を捨てずにとっておく
∨
着ない服であふれかえる

② 着ない服ばかりがある
∨
コーディネートがしにくくなる

ファッションを変えるためにもっとも大切なことは、新しい服を買うことではありません。

みなさんのクローゼットの中は、すでにたくさんの服でいっぱいだと思います。そこに新しい服を何枚か買い足しても、結局はいつもと代《か》わり映《ば》えのしないファッションになってしまいます。

ファッションを大きく変えるためには、**今までの習慣の積み重ねである「クローゼットの中」から見直す必要があります。**徹底的に数を減らすことが大切です。

お客さんの自宅のクローゼットを拝見することがよくあるのですが、みなさん本当にたくさんの服を持っています。ファッションの専門家である僕よりもたくさんの服を持っていたりします。

なぜ、そんなにたくさんの服を持っているのかというと、買った服を捨てられないからです。服を捨てられないと増えていく一方なので、クローゼットの中がパンパンになってしまいます。

では、それらの服をまんべんなく着回しているかというと、そんなことはまずありません。**気に入った数着の服だけをよく使い、それ以外はほとんど着ることがない**というのが現実です。

まずは、新しい服を買う前に、クローゼットの中に空間を生み出しましょう。たくさん所有していると、「これだけ持っているのに新しい服を買うのはもったいない」という気持ちになるものです。

理想的なのは、クローゼットの中に、本当に気に入っている少数の服だけが並んでいる状態です。**それぞれのキャラクターが被《かぶ》ることなく、掛かっている衣服を適当に着ればそれだけでコーディネートが完成する。**そのような少数精鋭《せいえい》の状態を作り出すのがファッシヨン改善の一番の近道です。

「2つの基準」で服をどんどん手放す

そのために必要なのはなんといっても服を手放すことです。

服を減らす際の基準は2つあります。

まずは、**5年以上前の服は手放す**というルールです。5年も経てば服はかなりくたびれますし、流行も変化しています。それ以上着続けるのは難しいと考えてください。

「これは高かった」「これは思い入れがある」という気持ちはとりあえず脇に置いて、5年以上前のものは潔《いさぎよ》く手放すようにしてください。

そして2つ目。**着ていて気持ちが上がらない服も手放してください**。誰にでも気に入っている服もあればそうでない服も必ずあります。

たくさんの服を持つことには何の意味もありません。本当に必要なものだけを残すようにしてください。この2つの基準で、どんどん服を減らしていきましょう。リサイクルショップを活用するのもいいと思います。

次に、1週間を想定して、「必要な服の数」を決めます。私服を着るのが週に2回であれば、その2日間を回せる服の量があれば十分です。

〝シャツ2枚、ボトムス2本、ジャケット1枚、ニット2枚、アウター1枚、靴2足、バッグ1個〟

極端な話、これくらいあれば2日間の休日は十分に回せてしまいます。自分に必要な最低数を把握するようにしましょう。

最初はもったいない気がして、なかなか捨てられないかと思いますが、一度慣れてしまえば、次からはスムーズです。

服を思い切って手放した後は、自分にとっての「必要最低限の数」を常に考えながら服を買うようにします。そして、1着買ったら1着手放す。これが正しいサイクルです。

クローゼットの中に、「ほとんど着ない服」は収納しない。この習慣ができれば、ファッションをシンプルに考えることができ、管理できる服だけを持つことができます。その結果、ファッション改善もスムーズにできるはずです。

rule 5

価格帯を「ミックス」して着る

コレをやってはいけない

① 全身ファストファッション
∨
大人っぽさや上品さが出ない

② 全身ブランド
∨
お金がかかってキリがない

僕は仕事柄、さまざまな価格帯のお店を見て回るのですが、最近では低価格のものの中にも素敵な服が増えました。

ユニクロやGAP、ZARAなどのファストファッションブランドはもちろんのこと、街のショッピングモールで見かける服にも素敵なものが増えてきています。

それらを上手に組み合わせれば、十分にファッションを楽しむことができます。

僕自身もファストファッションブランドをよく使います。

特に、ユニクロはリーズナブルなうえに品質も素晴らしいです。また、ベーシックなデザインの服が多いため、日々のコーディネートの中にも欠かせないブランドです。

しかし、僕はファストファッションブランドのアイテムだけでお客さんをコーディネートすることはありません。

部分的にユニクロのアイテムを使うことはありますが、すべてを同じ価格帯のアイテムで揃えないようにしています。

なぜなら、**安い服だけで全身をコーディネートするのは実はとても難しい**からです。

特に、デザインがシンプルな服ほど、生地《きじ》の持つ雰囲気や細かなシルエットの差、また縫製《ほうせい》の差が目立ちます。

若いころであれば安い服でも勢いで着こなすことができますが、30歳を越えてくると全身を安い服だけで構成する難易度はぐっと高くなります。

ルール4のクローゼット整理でも書きましたが、大人に必要な服の数はそんなにたくさんではありません。少数精鋭のクローゼットを作り上げ、気持ちが高まる衣服を着ることが大切です。

ですので、休日用のシャツで必要な数が3枚だとしたら、価格の安さのみを優先して3

枚を揃えるよりも、3年以上使える上質な定番アイテムを少し背伸びして買うことのほうが大切です。

「下地になるアイテム」は安く揃える

実際に、おしゃれな人はファストファッションブランドのアイテムを上手に取り入れています。

しかし、全身をそれだけで構成することはありません。

どうしているかというと、シャツやジャケットなどの「目立つ部分のアイテム」はセレクトショップで購入して、ボトムスやTシャツなどの「下地となるアイテム」にユニクロを活用しています。

つまり、部分的に取り入れることでバランスを取るようにしているのです。

〝上質なものが数点入っていると、それに引っ張られて、安いものも高く見える〟

そういった効果をうまく使っているのです。

全身を安い価格帯で買い揃えるのではなく、投資すべきところにはしっかり投資をすることが大切です。

安い服だけでコーディネートしない理由はもう一つあります。

それは、心理面での影響です。

1枚3000円で買ったシャツと1万円で買ったシャツ。どちらを大切に扱いますか？　どちらを着ているときに自信が持てますか？　どちらを着ているときにわくわくしますか？

きっと、**背伸びをして買った服だからこそ、思い入れを持って着られる**はずです。

些細《ささい》なことではありますが、このような心理面の影響はとても大切です。無理をしすぎる必要はありませんが、大人になったら少しずつ上質な服にも触れてみましょう。

若い頃のフレッシュさがない分、服の持つ品の良さでカバーすることも大切です。気持ちよく付き合える洋服を、1枚ずつ丁寧に揃えていきましょう。

rule 6

押しが強くない「セレクトショップ」で買う

コレをやってはいけない

① 学生時代と同じ店で買う
↓
年齢との間にギャップができる

② 店員さんに押されるがまま
↓
着こなせない服が増える

おしゃれが苦手な人は、圧倒的に知っているお店の数が少ないです。学生時代と変わらずにずっと同じお店で買い物をしている人も少なくありません。今の年齢にふさわしいお店を知っておくことはとても大切です。

おすすめできるお店の特徴は、まずは接客の押しが強くないこと。**リラックスして買い物ができて、気軽に質問できる雰囲気のお店が理想**です。

そして、ベーシックな大人に似合う洋服をしっかりと揃えていることが絶対条件です。流行を取り入れることは大切ですが、オーソドックスな部分をしっかりと押さえているお店は信頼できます。

数あるお店の中で、もっともバランスが取れていると思うのが、「**セレクトショップ**」の存在です。セレクトショップというのは、1つのお店の中に様々なブランドのアイテムが並んでいるお店のことを指します。

中でもおすすめなのは、ユナイテッドアローズです。大人にふさわしいベーシックな服を揃えていて、ほどよくトレンドも取り入れているので、安心して買い物できるお店です。ユナイテッドアローズにも様々な種類があるのですが、その中でもまずは価格帯が比較的抑えめであるユナイテッドアローズ グリーンレーベル リラクシングから訪れてみてください。お店の雰囲気も堅苦しくなく、気軽に入りやすいのも好感が持てます。スーツからビジネスカジュアル、私服まで幅広く対応ができます。

もう少し予算が掛けられる場合は、UNITED ARROWSをおすすめします。価格帯は少し上がりますが、定番アイテムを買うのであれば間違いのないアイテムが揃っています。

同じくセレクトショップの1つであるエディフィス。こちらもカジュアルからスーツスタイルまで幅広く対応ができます。体型が細身の人には特におすすめです。さらに投資ができる人には、エストネーションやバーニーズニューヨークをおすすめします。こちらも同じくセレクトショップですが、店内の雰囲気も含めて上質な空間を提供しています。

おしゃれなお店に「着ていく服がない」という問題

おしゃれなお店に入るのは気が引ける。そもそもおしゃれなお店に着ていく服がないという人もいるかと思います。そのような場合は、**まずはユニクロでボトムスやニット、Tシャツなどのシンプルなアイテムを買い揃えましょう。**

そして、ジャケットやスーツは比較的身近な存在であるスーツカンパニーで揃えましょう。こちらには休日用のカジュアル衣料もたくさん揃っているので、大人の男性にはおすすめの穴場です。

僕もふだんのスタイリングの際には、スーツカンパニーをよく使っています。ジャケットのバリエーションが多く、非常に重宝《ちょうほう》するお店の一つです。

いきなりいい服を着ても、その服のよさがわからなければ意味がありません。左の表の上から下へおりるように、まずはユニクロやスーツカンパニーから始めて、グリーンレーベル、ユナイテッドアローズ、バーニーズといった具合に少しずつ価格帯を上げていくのもいいでしょう。

価格別のブランド早見表(シャツ1枚の価格を基準)

~3000円

ファストファッション

ユニクロ
Forever21

カジュアル量販店

ライトオン
しまむら

スーツ量販店

コナカ
AOKI

~1万円

セレクトショップ(低価格帯)

ユニバーサルランゲージ
ユナイテッドアローズ グリーンレーベル
ナノ・ユニバース

ファストファッション(高価格)

ZARA、バナナ・リパブリック

ツープライススーツ

スーツカンパニー、スーツセレクト

~1万5000円

セレクトショップ

シップス、ビームス、エディフィス、ユナイテッドアローズ
トゥモローランド、エストネーション、バーニーズ

~3万円

専業ブランド

インディビジュアライズドシャツ、ギローバー
スリードッツ

~5万円

デザイナーズブランド

コムデギャルソン、ヨウジヤマモト、イッセイミヤケ

rule 7

人任せせず「自分」で決める

コレをやってはいけない

① 奥さんや彼女に任せる
↓
服が偏ってしまう

② 店員さんに任せる
↓
余計なものまで買ってしまう

「ファッションはいつも奥さんに任せっきりにしている」

「店員さんにすすめられたものをそのまま買っている」

このようにファッションを人任せにしている男性はとても多いです。

仕事や家庭で忙しい中で、そこまで興味のないファッションに頭を使うのは、正直面倒なことかもしれません。

たしかに、男性よりも女性のほうがファッションに関心があります。

ですので、奥さんや彼女にファッションを任せておけば間違いないと思っている男性も少なくないかと思います。

ファッションを人に任せておけば、自分で服を選ぶより時間も手間も省《はぶ》けます。決断する必要もないので心理的にもラクです。

では、人が選んでくれたファッションが素敵なのかというと、そうではない人もたくさんいます。

僕は女性のスタイリングをすることもありますが、**そもそも男性のファッションと女性のファッションでは大きく性質が異なります。**

おしゃれな女性であっても、男性のファッションのことになると、どこのお店で何を買えばいいのかがわからないという場合も多いです。

僕のお客さんにも、女性に服を選んでもらっている人がたくさんいるのですが、特にスーツスタイルやビジネスカジュアルに関しては、女性のファッションとまったく性質が異なるため、上手にコーディネートできている人は少ないです。

また、**女性と男性とでは、見ている視点が異なります。**

女性が男性の服を選ぶときには、似合うということよりも、「こういう服を着てもらいたい」という願望が反映されます。そのため、偏《かたよ》ったファッションになってしまうことも少なくありません。

「女性に任せておけば安心」という考え方は、これを機に改める必要があります。

店員さんは「販売のプロ」でもある

また、店員さんに買い物を任せっぱなしにしている人も多いです。たしかに、店員さんは「ファッションのプロ」です。任せておけば大丈夫と考えるのも無理はありません。

ところが、**店員さんは「ファッションのプロ」という側面と「販売のプロ」という側面、その両方を持ち合わせています。**

お客さんが今どんな服を持っているのか。どんなファッションの悩みを持っているのか。どのようになりたいのか。

このようなことを把握したうえで服を提案してくれるわけではありません。

そのため、「買ったはいいけど着こなせない」、「必要以上にたくさん買ってしまった」など、かえって失敗が増えてしまう人も少なくありません。

このように、ファッションを人任せにすることはラクである半面、非常に偏りのあるものになってしまうのです。

〝自分のファッションは自分で管理する〟

これがおしゃれへの一番の近道です。

自分がどんな服を持っていて、何が足りていないのか。相手にどのような印象を与えたいのか。ファッションの目的を誰よりも理解しているのは、やはり自分自身です。

ファッションには客観性も大切なので、奥さんや彼女、店員さんの意見を取り入れることはとても大切です。自己満足だけのファッションに陥《おちい》らないためにも周囲の意見には積極的に耳を傾けるべきです。

ただし、人に任せきりにするのはやめて、この本で自分の中に明確な考えをつくったうえで客観的な意見を取り入れるようにしましょう。

rule 8

「ネイビー」をベースに揃える

コレをやってはいけない

①とりあえず「黒」を選ぶ
↓
キザっぽく見える

②自分の好きな色を揃える
↓
コーディネートが難しくなる

次の章から具体的なアイテムの説明に入りますが、本章の最後に「色彩」についての基本的な考え方をお伝えします。

お店で洋服を選ぶとき、同じ形の服にもたくさんのカラーバリエーションがあります。その中からどれを選べばいいのかわからないという人も多いかと思います。

おしゃれになるためには、様々な色を使いこなせたほうがいいと思っている人も多いかと思いますが、それは誤解です。

大人の男性が優先して選ぶべき色というのはある程度決まっています。80点ファッションを実現するためには、限られた色の服を集め、シンプルにコーディネートすることが大切です。

大人の男性がもっとも優先して選ぶべき色は「**ネイビー（紺色）**」です。色選びに困ったら、まずはネイビーを選ぶようにしましょう。

なぜ、ネイビーを選ぶべきなのかというと、**どんな色にも合わせやすく、体型も引き締まって見える**からです。スーツもネイビーがもっともオーソドックスと言われるように、時代を問わずにスタンダードな色合いであるネイビーを積極的に活用しましょう。

特にジャケット、ニット、アウターなど、外側に羽織《はお》るものにネイビーを選ぶと、着こなしが締まります。

「黒じゃだめなの？」と思うかもしれませんが、**黒は意外と合わせるのが難しい色です。**元々フォーマル度の高い色なので、分量が増えすぎるとキザっぽく見えてしまいます。

その点、ネイビーであれば黒よりもやわらかい印象になりますので、着用面積が増えてもキザに見えすぎることがありません。

まずはネイビーの服を中心に揃え、次にネイビーに合う色を揃える。するとコーディネートがしやすくなります。

たくさんの色を使えば使うほどコーディネートは難しくなるので、まずは使う色の数をあえて絞《しぼ》ることが大切です。

ネイビーに合わせやすいのは何色なのか？

続いて、ネイビーと相性のいい色について説明したいと思います。

〝実はネイビーはとても万能な色で、どんな色ともよく合います〟


なので、合わない色を探すほうが難しいほどです。

その中でも、もっとも相性がいいのが「白」です。紺と白との組み合わせは、もっとも定番的であり、とても爽《さわ》やかに見えます。白シャツや白ジーンズなどで取り入れることをおすすめします。

また、ネイビーと同系色であるブルー系との相性もよいです。淡《あわ》いブルーのシャツやブルージーンズなどと合わせるのも素敵です。

また、ベージュやカーキのような、少し土っぽさを感じる色とも相性がいいです。ネイビーの持つシャープでクリーンなイメージが、これらの色が持つカジュアルさに程よく清潔感を与えてくれます。

このようにネイビーのアイテムをまずは揃え、続いてネイビーに相性のいい色を揃えることでコーディネートしやすい下地を整えることができます。

まずは、ネイビーをベースとしたコーディネートから磨くのが一番の近道です。

一方で、**淡い色を使ったコーディネートは難易度が高いです**。ベージュやアイボリー、白などを中心としたコーディネートは簡単ではありません。これらは膨張《ぼうちょう》色であり、着こなし全体がぼやけてしまいますので、難易度が高いのです。

まずはコーディネートの中にどこか一点、ネイビーを取り入れることで全体を引き締めることを意識するようにしてみてください。

センスを磨く「ちょっとした心がけ」

センスという言葉を聞くと、「自分には縁がないものだ」と感じる人も多いでしょう。持って生まれた才能のように、大人になってから磨くのは難しいと感じるかもしれません。もちろん、センスは一朝一夕で身につくものではありませんが、日々のちょっとした心がけで少しずつ育むことができます。

センスを磨くためのちょっとした日々の心がけについて、具体例を2つ紹介したいと思います。

一つは鏡です。 みなさんは大きな鏡を持っているでしょうか。女性であれば多くの人が持っている姿見ですが、男性は持っている人が少ないです。

鏡の前に立つのがあまり好きじゃないという気持ちはわかります。なんだかナルシストのように感じるかもしれません。それでも、鏡の前に立ち、どのように服を合わせるのかを一つずつ確認する作業はとても重要です。

おしゃれな人とそうではない人では、鏡の前に立つ時間が圧倒的に違います。

鏡の前に立ち、恥ずかしい自分の姿をたくさん見ながら、少しずつセンスを磨いていくようにしましょう。おしゃれな人も最初からおしゃれだったわけではありません。鏡の前でたくさんの服を試しながらファッションの練習を積み重ねてきたのです。

できれば、お店で鏡を見ながら試着するのが一番ですが、最初はハードルが高く感じられるかもしれません。自宅であれば人の目を気にせずにコーディネートの練習ができるはずです。

また、**洗面所の鏡では全身が見えません**。横幅もしっかりある姿見を買いましょう。そして、新しい服を買ったら、姿見の前に立って確認する時間を必ず作るようにしてください。

ファッションの参考になるのは、ファッション誌ばかりではありません。むしろ日々の生活の中にこそたくさんのヒントが隠れています。

センスを磨くためのもう一つの方法は、人間観察です。電車の中で周囲を見渡してみてください。そこには様々な格好の男性がいるはずです。その一つひとつがヒントになり、どこでもファッションを学ぶことができるのです。

他人のファッションに関心を持つことは、センスを磨くためにもっとも有効な手段です。客観的に見て、どのような人が素敵と思うのか考えながら観察してみてください。**たくさんの事例を通して、カッコいいと思う共通項が少しずつ見えるようになります。**まずはいい事例をたくさん見ましょう。ショップ店員さんのファッションも参考になるはずです。

逆に、「こういうファッションは苦手」と思える事例を見ることも大切です。人の振り見て我が振り直せではないですが、**残念なファッションの中にもたくさんのヒントが隠れています。**清潔に見えない、やりすぎに見える、サイズが大きすぎるなど、必ず素敵に見えない理由が見つかるはずです。

周囲の人たちを観察しながら、「なぜ、あの人をおしゃれに感じるのだろう」または、「なぜ、あの人は素敵に見えないのだろう」と、その理由を考えてみるのです。

人のファッションに関心を持つこと、それは自分自身のセンスを育むための大きな手助けとなるはずです。

第2章

「カジュアル着」の法則

プライベートに自信がつく！

私服に失敗するのには理由がある

休日の街で男性を観察していると、私服で失敗している人には2つのパターンがあることに気づきます。左のように、私服で失敗するパターンは、**【カジュアルすぎ】**と**【キメすぎ】**、この2つのパターンに分かれます。

すべてのアイテムをカジュアルなもので構成すると、ファッションと年齢との間にギャップがありすぎて、野暮ったく見えてしまいます。

一方で、全身をきれいめなアイテムだけで構成すると、堅苦しく見えたり、キザっぽく見えてしまいます。

それでは、大人の男性はどのようなファッションを目指すべきなのでしょうか。

それは、**カジュアルすぎず、キメすぎず、中間を目指すべきです。**

私服を構成する一つひとつのアイテムは、「カジュアルに見えるもの」と「きれいめに

カジュアル着の失敗例

失敗例1

「カジュアルすぎ」

学生の頃とほとんどファッションが変わっていないので、見た目との間にギャップができてしまう。

失敗例2

「キメすぎ」

単体で見ると魅力的に感じても、主張が強くて使いこなすのが難しい。周囲からの評価は低くなりがち。

見えるもの」に大きく分けることができます。

どちらが良い悪いというわけではなく、偏りすぎることなく、これらをうまくミックスすることで【カジュアル】と【きれいめ】のバランスを取ることが大切です。

左にそれぞれのアイテムを特徴別に分類してみました。

「①」は部屋着レベルのカジュアル度なので、大人のファッションにはあまり適しません。一方で、「⑥」のスーツ用のアイテムも私服には堅すぎてしまいます。

「②」から「④」のアイテムをミックスするようにしましょう。

たとえば、Tシャツにブルージーンズ、スニーカーという着こなし。これではカジュアルすぎてしまうので、Tシャツの上にニットを羽織り、スニーカーを革靴に変えます。

一方、ジャケットにシャツ、スラックスといった着こなし。これだと休日着としては堅すぎてしまうので、シャツをTシャツに変えてみる。それでも堅く感じるのであれば、ジャケットをニットに変える。これでバランスが取れるようになります。

多くの男性はカジュアルなアイテムは持っているのですが、**ニットや革靴、レザーバッグなどのきれいめのアイテムはあまり持っていません。**この章では、一つひとつのアイテムを見ていきますので、足りていないものを中心に買い揃えていきましょう。

「カジュアル〜きれいめ」のアイテム早見表

① 部屋着／カジュアルすぎ

部屋着

スウェット、パーカー、ジャージ

カジュアルすぎ

ダメージジーンズ、柄Tシャツ
チェックのネルシャツ

② カジュアル

Tシャツ（無地、ボーダー）、ブルージーンズ、チノパン、紺のショートパンツ
ダウンジャケット、ローテクスニーカー、ニット帽、キャンパストート

③ 中間

シャツ（デニム、ギンガム、リネン）、白ジーンズ
メッシュベルト、レザーボディバッグ

④ きれいめの私服

ニットジャケット、厚手のニット、薄手のニット
コットンパンツ、白のボタンダウンシャツ、スエード靴
ブーツ、レザートートバッグ、ハット

⑤ ビジネスカジュアル

紺のジャケット、グレーのスラックス
鹿の子シャツ、無地のポロシャツ、ニットタイ
ブラウンの靴、ブラウンのベルト

⑥ スーツ

スーツ、ビジネスシャツ、ネクタイ
黒のストレートチップの革靴
黒のビジネスバッグ、黒のベルト

（④〜⑥）チェスターコート、ステンカラーコート

シャツの

Method

手軽に清潔感が出せる！
裾のイン・アウトで
カジュアル度を調節

コレを揃える！

- 白のボタンダウンシャツ
- デニムシャツ
- ギンガムチェックシャツ

お店ではココを見る！

- 着丈が長すぎないか
- 身幅に余裕がありすぎないか
- ピチピチになっていないか

シャツは私服の中でも主役と呼べるアイテムです。ついカジュアルになりすぎてしまう私服の中で、手軽にきれいさをプラスできるのがシャツという存在です。**まずはTシャツよりも襟《えり》付きのシャツを優先的に着るようにしましょう。**それだけでも着こなしに清潔感が漂うようになります。

シャツというと、「アイロンをかけるのが面倒」と思う人もいるかと思いますが、そこまで気にする必要はありません。**カジュアル用のシャツは、むしろ多少のシワが入っていたほうが自然に見えます。**

僕は洗濯後、シワがあまりに気になるようなら軽くアイロンをかけますが、基本的に洗いざらしのままシャツを着ています。

干す際に手でパンパンと叩いて伸ばせば、それだけでも大きなシワは取れます。なるべく手間を掛けずにシャツを楽しむことが大切です。

シャツで揃えたいのは、白のボタンダウンシャツ、デニムシャツ、ギンガムチェックシャツの3枚です。これらは、季節を問わずに使える基本の3枚です。

着こなしのベースになる ① 白のボタンダウンシャツ

はじめに揃えるべきは、白のオックスフォード地のボタンダウンシャツです。カジュアル着における定番中の定番です。

これといった特徴のないオーソドックスなアイテムですが、白のシャツは着こなしのベースになりますので、1着は必ず持っておきましょう。

白シャツはシャツの中でも、もっともきれいめに見えるアイテムです。

そのため、**白シャツに合わせるボトムスは、カジュアル度の高いものを合わせるとバランスが取れます**。

もっとも相性がいいのはブルージーンズです。一方で、スラックスのようなきれいめのボトムスを合わせると、ビジネス着っぽく見えてしまいます。

また、白シャツはボトムスに「イン」して着ると、ビジネス着っぽく見えてしまいます。基本的には裾《すそ》は出して着てください。その際、裾の長さに注意しましょう。

白のボタンダウンシャツ

お尻がすっぽり隠れてしまう長さはＮＧです。**お尻の中間位置くらいに裾がくるものを選びましょう。**それよりも裾が長い場合は店員さんと相談して、裾の長さを短く調整してもらうとよいでしょう。

小さな直しであれば、買ったお店で対応ができますので、店員さんに相談してみてください。

適度なカジュアル感が出る②デニムシャツ

次に揃えたいのがデニムシャツです。3つのシャツの中でも、もっともカジュアル度の高いアイテムです。

1枚で着てもいいですし、上にニットやジャケットを重ねても素敵に見えます。とても重宝するアイテムなので、ぜひ1着揃えておきましょう。

デニムシャツは、ホワイトジーンズやネイビーのコットンスラックスと相性がいいです。**シャツ自体にカジュアル感があるため、ボトムスは少しきれいめなものを合わせると全体のバランスが取りやすくなります。**

裾は出して着てもいいですし、カジュアルさを抑える意味でも「イン」して着てもよいでしょう。

アクセントとして重宝する③ギンガムチェックシャツ

3枚目に用意したいのは、ギンガムチェックのシャツです。カジュアル度は3つの中でちょうど中間です。カジュアルすぎず、きれいめすぎない印象です。

実は、チェックシャツというのは選ぶのが難しいアイテムです。チェックの幅が大きければ大きいほどカジュアルな印象になり、失敗すると野暮ったく見えてしまいます。

柄の大きなチェックではなく、**まずは小ぶりなギンガムチェックを選ぶと失敗がありません。**

ギンガムチェックは単体で見ると子どもっぽく見えることもありますが、上にジャケットやニットを羽織ると、見える面積が減るため、大人の男性にもよく似合います。

チェックシャツの役割は、「アクセント」です。単調になりがちなベーシックなファッションに程よくインパクトを加えましょう。

ギンガムチェックシャツ

このような基本となるシャツは、3年程度は使うものです。無理のない範囲で、少し背伸びをして買い揃えましょう。ユナイテッドアローズやエディフィスなどのセレクトショップがおすすめです。時代に合ったベーシックな1枚がきっと見つかるはずです。

コレができれば80点超え！

基本となるシャツが揃ったら、夏場に活躍するリネンシャツも揃えたいところです。半袖シャツはたしかに涼《すず》しいのですが、できれば長袖シャツを選び、ざっくり腕まくりをして着るのが理想的です。

リネン（麻）素材はさらりとした着心地で、吸水・発散性にもすぐれているため、夏場に重宝します。おすすめはホワイトやネイビー無地のリネンシャツです。ボトムスと色のコントラストをつけてコーディネートすると素敵に見えます。裾はインせず、着丈の長さに注意しながら外に出して着るといいでしょう。

ボトムスの

Method

細身のもので体型を
スマートに見せる！
ベージュに逃げず白にチャレンジ

コレを揃える！

- ブルージーンズ
- コットンパンツ（ネイビーかグレー）
- ホワイトジーンズ

お店ではココを見る！

- ピタッとしすぎない程よいタイトさ
- 装飾のないシンプルなもの

ボトムス（パンツ・ズボン）は、着こなしの中でも割と地味な存在です。人の目線は上半身に向かうものなので、つい後回しにしてしまいがちです。

しかし、**ボトムス次第で体型がスマートに見えたり、逆に太って見えたりする**ものです。

これから紹介するボトムスは、もしかしたらすでに持っているかもしれません。

しかし、手持ちのものを無理に使い回すのではなく、3年を目処《めど》に新調し、今の時代に合ったシルエット、デザインのものに買い替えることが大切です。

ここ数年、ボトムスの定番のシルエットといえば細身のものになります。

この流れは、今後もしばらく続くと思います。ボトムスを選ぶ際には、**身体にフィットした細身のものを選ぶようにしてください**。

たとえば、ユニクロには様々なシルエットのジーンズがありますが、その中でも選ぶべきなのは「スリムフィット」です。体型が細ければ、もっとも細身である「スキニーフィット」を選んでもかまいません。

ただし、**もも回りがぴちぴちになるのは避けてください**。実際、男性の細すぎるボトムスを嫌がる女性は多いです。程よいフィット感を意識するといいでしょう。

なぜ細身のほうがよいかというと、**足が長く見える効果があるから**です。

体型を隠そうとして太めのものを選ぶと、どうしても野暮ったい雰囲気が出てしまいます。自分の脚に合った適度に細身のものを選びましょう。

程よい色落ちを楽しむ ①ブルージーンズ

はじめに揃えるべきは、ブルージーンズです。誰もが一度は履《は》いたことのある、もっとも定番的なボトムスと言えます。あまりに定番すぎるため、大人になってからジーンズを履かなくなったという人も多いかと思います。

「子どもっぽく見えるんじゃないか」、「ごわごわして履きにくい」といったイメージを持っている人もいますが、それは誤解です。大人に似合う上品なジーンズを選べば、きれいに着こなすことができます。

ジーンズの色味ですが、**程よく色が抜けたブルージーンズがおすすめです**。まったく色落ちのしていないものを選ぶと、休日のリラックス感が出しづらいです。

逆に、色落ちしすぎたものを選ぶと、くたびれた印象になります。大人のジーンズは程よく色が抜けた細身のシルエットのものを選べば間違いがありません。

ジーンズはユニクロが非常に優秀です。４０００円前後で優れたジーンズを買うことができます。

もう少し投資ができるのであれば、ジーンズ専門ブランドであるレッドカードやＡＧのジーンズもおすすめです。

最近のジーンズはストレッチの効《き》いたものが多いので、履いていてストレスになりません。昔のようにごわついた感じも少ないです。

「子どもっぽく見える」という心配もコーディネート次第で解決できます。ブルージーンズのようなカジュアルなものは、白シャツやジャケットと合わせることでカジュアルときれいめのバランスが取れるようになります。

単体で見るとカジュアル度が高いアイテムでも、組み合わせ次第で大人っぽく見せることができるのです。

ベージュよりも優先したい②ネイビーかグレーのコットンパンツ

続いて2本目に揃えたいのが、ネイビーやグレーのコットンパンツです。多くの人が持っている定番的なベージュのパンツには注意が必要です。**ベージュのダボッとしたシルエ**

ットのボトムスには、どうしても休日のおじさんっぽい雰囲気が漂います。

コットンパンツであれば、体型がシャープに見える、ネイビーやグレーがおすすめです。ギンガムチェックやデニムシャツにもよく合います。中でも、スラックスのように、**折り目が付いているものを選ぶと、よりきれいめな印象を与えることができます。**

スーツカンパニーやUNITED ARROWSがおすすめです。

履くだけですぐにおしゃれに見える③ホワイトジーンズ

最後に揃えたいのがホワイトジーンズです。街でも履いている人をよく見かけるようになり、少しずつ定番化してきました。一見、難易度が高そうに見えますが、実はコーディネートしやすい万能アイテムです。

ネイビーのアイテムとも相性がよく、**履くだけですぐにおしゃれに見せることができます。**大人のファッションには清潔感が大切ですが、ホワイトジーンズほど爽やかに見えるボトムスは他にありません。

また、ファッションには新鮮さも大切です。

ホワイトジーンズのような少し心理的なハードルが高いものこそ、積極的に試してみる価値があります。

ホワイトジーンズは春・夏を中心に活躍しますが、全体の色合いが暗くなりがちな秋冬にも活躍します。**1本あると1年を通して活躍するアイテムです。**まずは比較的取り入れやすいユニクロのホワイトジーンズから試してみてください。

コレができれば80点超え！

夏場に活躍するショートパンツも1本揃えると便利です。選び方を間違えると子どもっぽく見えますが、丁寧に選べば心配ありません。カジュアル度を抑えるためにネイビーを選びましょう。近年は丈が短めの傾向にあります。長めの丈は野暮ったく見えるので、ひざの中心から3㎝前後短いものがおすすめです。ピタピタにならない程度にタイトなものを選びましょう。ホワイトのリネンシャツやスエード靴など、きれいめのアイテムを合わせると全体のバランスが取れます。

ネイビーのショートパンツ

ニットの

Method

薄いニットは重ね着で奥行きを！厚いニットはアウター代わりに軽く羽織る

コレを揃える！

■薄手のニット

■ざっくりカーディガンか、ニットジャケット

お店ではココを見る！

■薄めのニットは襟元のデザインに注目

■ざっくりニットはゆるすぎないサイズに

ニットというのは、いわゆるセーターのことを指します。春や秋など、季節の変わり目に重宝するアイテムです。ニットは、「よく使う人」と「ほとんど使わない人」がはっきり分かれるアイテムです。そして、**おしゃれな人ほどニットを上手に取り入れています。**

ついカジュアルに寄りすぎてしまう休日着に、気軽に大人っぽさを加えることができます。たくさんのバリエーションは必要ないので、定番のものを揃えておきましょう。

ニットには様々な選択肢があります。大きく2つに分けると、生地が薄くて目が細かい「薄手のニット」と、生地が厚くて目が粗《あら》い「ざっくりニット」です。

重ね着で奥行きを出す①薄手のニット

まず、薄手のニットについて紹介します。

薄手のニットは重ね着の際に重宝するアイテムです。シャツの上に薄手のニットを着て、さらにその上にアウターを羽織るなど、中間に挟み込んで使うことができます。**重ね着が上手にできるようになると、おしゃれに見えるようになります。**

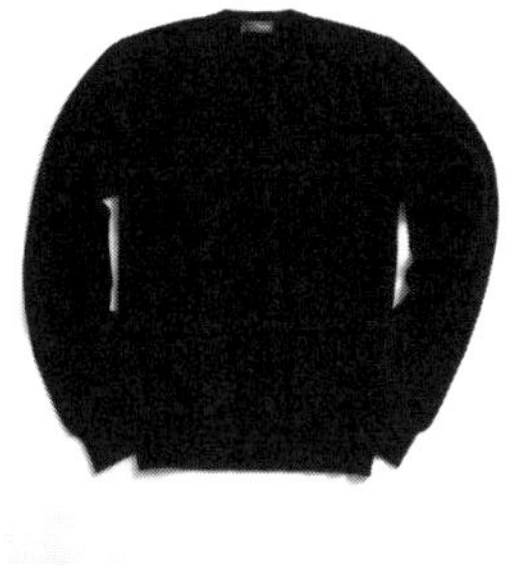

ドルモアのニット

薄手のニットにも様々なバリエーションがあります。代表的なのは、Vネック型と丸首型、そしてボタンで留めるカーディガン型の3タイプです。これらはどれが正解というわけではなく、その時代によって旬のデザインが変わります。

シャツの上に重ねて着ると、コーディネートに奥行きが出て素敵に見えます。白のボタンダウンシャツに丸首ニットを重ねて着るスタイルは、時代に左右されない定番の着こなしです。

ニットを選ぶ際には、できる限りシンプルなものを選びましょう。凝《こ》った装飾は一切不要で、無地の単色をおすすめします。薄手のニットは1~2枚あれば十分です。少し背伸びをしてセレクトショップで1万5000円前後のものを購入しましょう。

軽く羽織るだけで大人っぽく見える②ざっくりニット

ざっくりニットは、アウターとして活躍するニットです。シャツやTシャツの上に軽く羽織れば、それだけで大人っぽい着こなしが完成します。

きれいめであるジャケットよりも気軽に取り入れやすいのが特徴です。食事に出掛ける際にも、ざっくりニットが1枚あると手軽におしゃれに見せることができます。

ざっくりニットは、襟の付いたものを選びましょう。ジャケットと同じように襟の付いたニットジャケット、ヘチマ型の襟が付いたショールカラーのカーディガンなどがおすすめです。色はネイビーやグレーを選べば間違いありません。定番シャツ（P66）とも相性抜群です。

ざっくりニットも、1枚あれば十分です。少し背伸びをしてユナイテッドアローズやエディフィス、シップスなどのセレクトショップで購入しましょう。

襟付きのニット

コレができれば80点超え！

もう少し投資をできる人は、ニット専門ブランドとして有名なジョンスメドレーやザノーネのニットを試してみてください。色はネイビーやグレーを選べば失敗することはありません。ニットの着こなしに慣れてきたら、ぜひ上質なものにもチャレンジしてみてください。

Tシャツの
Method

深めのVネックはNG！
Tシャツは1枚で着ずに
重ね着使いする

コレを揃える！

■ 無地のTシャツ
（ネイビー、ホワイト、グレー）

■ ボーダーTシャツ

お店ではココを見る！

■ 首元のデザイン
（丸首・Vネック）

■ ボーダーの幅は
広すぎないように

私たちにとって最も身近なカジュアル着といえばTシャツです。みなさんもすでに何枚か持っているかと思います。

身近ですが、実は大人の男性には似合いにくいアイテムです。**Tシャツはカジュアル度が高く、大人の男性が着ると、ついだらしなく見えてしまう**のです。

特に、Tシャツにジーンズといったオーソドックスな休日着は、きれいに見える要素がひとつもないので、バランスを取るのが難しいコーディネートです。

そうはいっても、TシャツがNGアイテムというわけではありません。使い方次第でTシャツを有効に使うことができます。

Tシャツは単品で着るのではなく、重ね着を目的として使いましょう。

特に大人の男性は、**二の腕部分を見せないほうがスマートに見えます**。Tシャツの上にニットやシャツ、ジャケットを羽織ることで全体のバランスを取ることができます。カジュアル度の高いTシャツは、必ずきれいめのアイテムと掛け合わせることを意識してください。

では、具体的にどのようなTシャツを選べばいいのでしょうか。

丸首か浅めのVネックを選ぶ ①無地のTシャツ

まずは、無地で単色のものを選びます。余計な装飾は一切必要ありません。**文字が入っていたり、イラストや写真が入っているものは、大人の男性には少し難易度が高いです。**まずは無地から揃えていきましょう。

首元のデザインは丸首かVネック、2つの選択肢があります。このあたりは時代によって流行があるので一概には言えませんが、深めのVネックはキザっぽい印象を与えるので避けたほうがいいでしょう。浅めのVネックか定番の丸首を選ぶといいでしょう。色はネイビー、グレー、ホワイトの基本の3色があれば十分です。

セレクトショップのものがおすすめですが、予算を抑えたい場合は、ユニクロのスーピマコットンTシャツが、素材感もよく、シルエットも細めなのでおすすめです

柄の見える分量を調整する ②ボーダーTシャツ

無地の次はボーダーTシャツにチャレンジしましょう。単調な着こなしの中に、手軽にアクセントを加えることができます。

「ボーダーは子どもっぽく見えるのでは?」と思う人もいるかもしれませんが、これも組み合わせ次第で見え方が大きく変わります。無地のTシャツと同じく、**上にカーディガンやジャケットを羽織れば、ボーダーの見える範囲が少なくなり、大人っぽく着こなせます。**

ボーダーは柄の幅があまり広くないものを選ぶと大人っぽく見えます。

ボーダーTシャツ

コレができれば80点超え!

ユニクロもいいですが、セレクトショップのオリジナルやカットソー専門ブランドであるスリードッツもおすすめです。カジュアル度が高いからこそしっかり投資をして上品に見せましょう。ボーダーは柄の幅の広さで見え方が大きく変わります。セレクトショップであればバランスのいいボーダー柄が揃っているので安心感があります。セオーシバルやサンスペルなど、ボーダーTシャツを得意とするブランドも◎です。

アウターの
Method

1着で冬を乗り切らない！
3枚のアウターを
気候に合わせて使い分ける

コレを揃える！

- ステンカラーコート
- チェスターコート
- ダウンジャケット

お店ではココを見る！

- コートの着丈の長さ（ひざ上10～12㎝前後）
- ダウンの素材感（光沢がなくマットな質感）

冬場の主役アイテムといえば、コートやダウンジャケットなどのアウター類です。着こなしの中心となるアイテムなので、妥協せずにていねいに揃えたいところです。

そうはいっても、奮発《ふんぱつ》して高級すぎるものを買う必要はありません。ファッションにおいて、一生使えるものは存在しません。

過去に買った一張羅《いっちょうら》のコートを大切に保管している人もいますが、それが再び活躍することはありません。

アウターにもゆるやかな流行の変化があります。**3年で見直し、5年で買い替えるというサイクルを意識しましょう。**

では、具体的にどんなアウターを揃えるべきなのでしょうか。

オン・オフで大活躍①　ステンカラーコート

まずは、春先や秋口に活躍するステンカラーコートです。もっとも定番的なコートであり、**春と秋の2つの季節に使える**ので、とても重宝します。

色はコーディネートを考えやすいネイビーやグレーを選ぶといいでしょう。素材はコットンやナイロン製のものがおすすめです。

このようなオーソドックスなコートにも、サイズ感や着丈の長さ、素材感にゆるやかな流行の変化があります。「すでに持っているからそれを使えばいい」というのではなく、定期的な入れ替えが必要です。

ステンカラーコートは、ビジネスでも用いられる機会の多いアウターですので、きれいめに見える傾向があります。

そのため、**休日にカジュアルに着こなしたいときには、ジーンズや外出しのシャツなどと合わせるとバランスが取れます。**

きれいめなアイテムに、カジュアルなアイテムを合わせることでカジュアルダウンする方法です。ビジネスシーンだけでなく、休日着としてもステンカラーコートを活用してみてください。

マッキントッシュ フィロソフィーの
ステンカラーコート

大人の男性にぴったり②チェスターコート

次に揃えたいのが、真冬に重宝するウールのチェスターコートです。

こちらもビジネスで用いる機会の多いアウターですが、きれいめのカジュアルアウターとして、ここ数年定着しています。ジャケットの着丈をそのまま長くしたようなデザインが特徴で、大人の男性に似合いやすいアイテムです。

こちらもステンカラーコートと同様に、ビジネスシーンでも活用できるアウターなので、**私服として用いる際にはカジュアル度の高いものと合わせる**といいでしょう。

丸首のニットやジーンズに合わせるととてもおしゃれです。合わせる靴も、革靴のようなきれいめなものではなく、**あえてスニーカーで着崩すのもおすすめです。**

色はネイビーを選べば間違いありません。

ハリスワーフロンドンの
チェスターコート

シャープな色で着膨れを解消③ダウンジャケット

そして最後はダウンジャケットです。真冬のアウターとしてもっともポピュラーなアイテムです。

ダウンジャケットはカジュアル度が非常に高く、さらに着膨れして見えてしまうため、実は着こなしがとても難しいアイテムです。**機能性に優れていて、誰もが着ているアウタ**

だからこそ、おしゃれに見せるのが難しいのです。

82ページで紹介したTシャツのように、大人の男性がダウンを着るときには、それなりに上質なものを選ぶことが大切です。

もちろんユニクロのダウンの中にもデザインの優れているものがありますが、できればセレクトショップで購入することをおすすめします。

エディフィスやナノ・ユニバースに、シンプルで上品なオリジナルのダウンが並んでいます。価格帯も3～4万円くらいなので、少し背伸びして揃えてみるといいでしょう。

色はネイビーやブラック、チャコールグレーを選ぶと体型がスマートに見えます。なるべく着膨れして見えないように、濃いめの色を選ぶようにしてください。

また、**光沢感のある生地だとカジュアル感が強く出すぎてしまうので、ウールや光沢感の少ないナイロン製のものを選ぶといいでしょう。**

ダウンを着るときは、きれいめに見える白デニムやグレーのパンツを合わせるとおしゃ

エディフィスのダウンジャケット

れに見えます。

一方でブルージーンズを合わせてしまうと、全身がカジュアルになりすぎてしまうのと、靴もスニーカーではなく、あえてスエードの革靴（P93）を合わせると大人っぽく見せることができます。

ダウンを着る際は、全身がカジュアル一辺倒にならないように意識してください。

コレができれば80点超え！

1着のみで冬を乗り切ろうとすると、手抜きのファッションに見えてしまいます。気候に合わせていくつかのアウターを使い分けることが大切です。

また、少し難易度が上がりますが、チェスターコートでは「キャメル」というベージュより少し深みのある色を選べば、上品な見た目に仕上がります。チャレンジしてみるのもいいでしょう。

靴の
Method

機能性だけで選ばない！革靴とスニーカーを全身を見て使い分ける

コレを揃える！

- スエードの革靴
- スニーカー
- リラックスシューズ

お店ではココを見る！

- 休日用の革靴はスエードを選ぶ
- スニーカーは靴専門店ではなくセレクトショップで

休日用の靴として揃えておきたいのは、「カジュアルな革靴」と「シンプルなスニーカー」の2足です。

役割が大きく異なる2足を揃えておくことで、全身のバランスを見ながら、使い分けることができます。**コーディネートを鏡で確認して、全体的にカジュアルすぎる場合は革靴を合わせ、きれいめになりすぎている場合はスニーカー**を合わせると、着こなしのバランスがうまく取れます。

スエード素材でカジュアルさを出す ①革靴

まずは休日用の革靴から説明していきましょう。休日になると、どうしてもラクなスニーカーばかりを履いてしまい、全身がカジュアルになりすぎてしまいます。

全身のバランスを考えて、足元をきれいめにまとめることも大切です。革靴は手軽にきれいさや大人っぽさを加えることができるので重宝します。

革靴といっても、仕事で使っているものとは分ける必要があります。黒のビジネス用の革靴はきれいめすぎて、カジュアル着にはうまく馴染《なじ》みません。

おすすめはスエード靴です。ビジネスで履く靴は「表革」のものが多いですが、スエード靴は「革の裏面」を使っているため、適度にカジュアルな印象を与えることができます。

色は茶系を選ぶといいでしょう。定番なのがクラークスのデザートブーツです。丸みのあるフォルムが特徴的で、流行に左右されずに使える名品です。

また、スエード素材のローファーも重宝するアイテムです。専門店のトレーディングポストや百貨店の靴売り場で濃いブラウンのローファーを探してみてください。これらの靴はブルージーンズとも相性抜群です。

クラークスのデザートブーツ

カジュアルダウンに大活躍②スニーカー

次はシンプルなスニーカーです。機能的なスニーカーよりも、**見た目も機能もシンプルである「ローテクスニーカー」が大人の男性にはよく似合います。**

たとえば、アディダスのスタンスミスやニューバランスのM1400やM998などが挙げられます。これらは時代に左右されない定番のスニーカーなので、気に入ったものでかまいませんので1足揃えましょう。

スニーカーは靴専門店で買うよりも、服と一緒にセレクトショップで買いましょう。服との相性がいいスニーカーを揃えているので、大きく失敗することがありません。

コレができれば80点超え！

次に揃えたいのは、夏に活躍するリラックスシューズです。特にサンダルは1つは持っておきたいアイテムです。おすすめはビルケンシュトックのサンダルです。大人のファッションとの兼ね合いもよく、流行にも大きく左右されません。中でもアリゾナというモデルが履き心地もよくおすすめです。

また、サンダルよりも少しきれいめな印象になるのがメッシュのスリッポンスニーカーです。おすすめはリビエラというブランドです。ユナイテッドアローズやエディフィスなどで取り扱っていますので、ぜひ試してみてください。

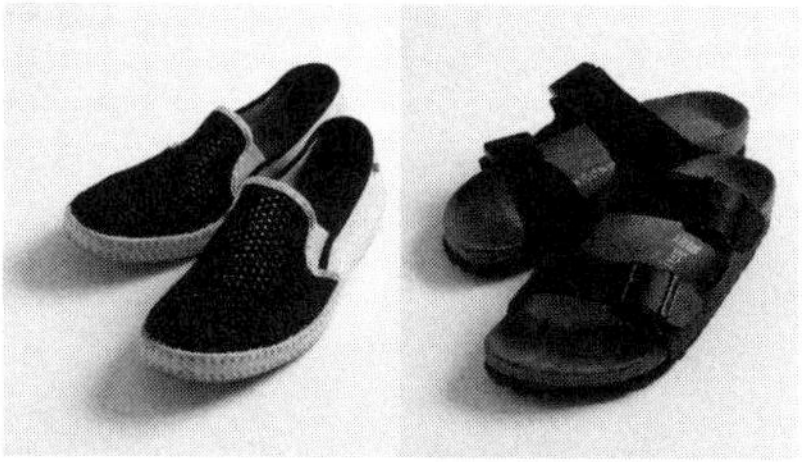

ビルケンシュトックのサンダル（右）と
リビエラのスリッポンスニーカー（左）

バッグの
Method

「ポケットに財布」はNG！荷物に合わせてトートかボディバッグを使い分ける

コレを揃える！

- レザーのトートバッグ
- レザーのボディバッグ

お店ではココを見る！

- 装飾のないシンプルさ
- 安っぽくない革の質感

休日にはバッグを持たないという男性は意外に多いです。なるべく手ぶらで行動したいという気持ちはわかりますが、財布をお尻のポケットに突っ込んでいる姿はあまり見栄えがいいとは言えません。**細身であるボトムスのシルエットが崩れますし、財布の傷《いた》みも早くなります**。

大人にふさわしい休日用のバッグを用意し、スマートに荷物を持ち歩きましょう。すでに休日用のバッグを持っているという人も、スポーツブランドのリュックや斜めがけで使い勝手のいいバッグなど、機能性を重視したものを使っていませんか？

このようなバッグは、大人のファッションとはあまり相性がよくありません。この機会に新調しましょう。

レザー製で大人っぽく見せる①シンプルトートバッグ

まずおすすめなのが、シンプルなトートバッグです。

素材は大人っぽく見えるレザーを使ったものがおすすめです。荷物もたくさん収納できるので、とても重宝します。

トートバッグといえばキャンバス地の白いものを思い浮かべるかもしれませんが、大人の男性には黒やネイビーなどの濃い色のレザーを使ったトートバッグがよく似合います。**カジュアルになりすぎず、どのような着こなしにも相性抜群です。**ジャケットを中心としたきれいめの着こなしにもよく合います。

シンプルなデザインのトートバッグは、ユナイテッドアローズやシップス、エディフィスなどのセレクトショップで取り扱っています。少しお値段は張りますが、バッグは長く使えるものなので、この機会にぜひ揃えてみてください。

ユナイテッドアローズ グリーンレーベルのレザートートバッグ

片方の腕に掛けて大人らしく②小ぶりのボディバッグ

あまり荷物を持ち歩きたくないという人には、ボディバッグがおすすめです。

ただ、街でボディバッグを持ち歩いている人を見ると、色使いが派手だったり、装飾の多いものを持っている人がとても多いです。

デザインはなるべく装飾のないシンプルなものを選びましょう。黒や焦げ茶のオーソドックスな色で、素材は大人っぽく見えるレザーがおすすめです。

中でもおすすめは、バッグ専門ブランドであるアニアリのボディバッグです。シンプルなデザインと柔らかな革の質感は、大人の男性によく似合います。価格も2〜3万円前後なので、思い切って投資してみるのもいいでしょう。

また、ボディバッグは持ち方が大切です。斜めがけをすると子どもっぽくなってしまうので、**片方の腕に掛けるように持ってください**。カジュアルスタイルから少しきれいめのスタイルまで、幅広く似合います。

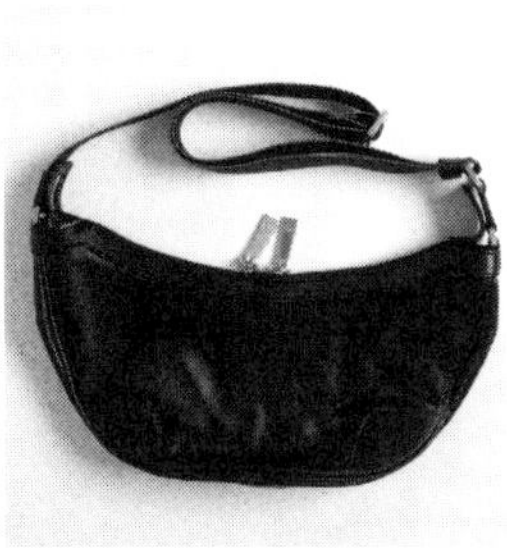

アニアリのボディバッグ

コレができれば80点超え！

基本となる2つのバッグが揃ったら、次はクラッチバッグをおすすめします。ここ数年のトレンドアイテムですが、少しずつ一般化してきました。

ブラックやブラウンのシンプルなレザー製のものがおすすめです。気軽にトレンド感を取り入れられるので、各種セレクトショップで購入するといいでしょう。

「着崩し」のテクニック

ここまで紹介してきたシンプルなアイテムは、誰にでも似合いやすい半面、どれもベーシックなため、とびきりおしゃれに見せるというのはあまり得意ではありません。

これらのベーシックな服を**「無難な服」に見せるのか、それとも「センスのいい服」に見せるのか**。その違いは「服の着崩し方」で大きく変わります。

たとえば白のボタンダウンシャツ。ボタンをすべて締《し》めて、ボトムスにインして着ると、あまりにふつうに見えてしまいます。適度に「着崩す」ことで同じシャツスタイルでも大きく見え方が変わります。

ふつうのアイテムをセンスよく見せるためのテクニックが着崩しです。ここでは着崩しの2つの具体的な方法についてお伝えしましょう。

まずは「シャツの腕まくり」です。春から秋にかけて長

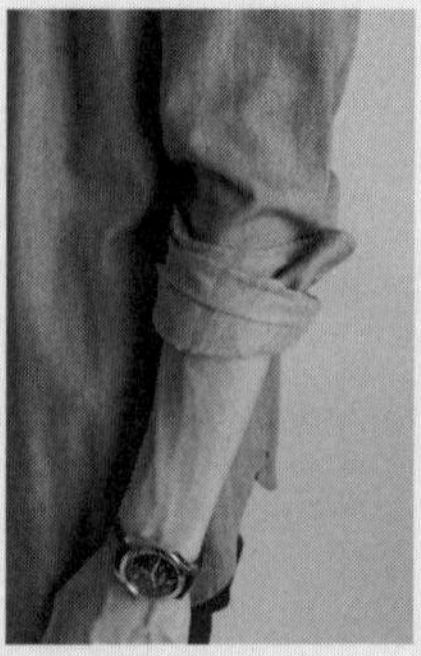

シャツの腕まくり

袖シャツを単体で着る機会は多くなります。シャツはTシャツに比べると小奇麗に見えるアイテムです。そのため、すべてのボタンを締めてしまうとスーツスタイルのような堅苦しさが出てしまいます。

そこで、第一ボタンを開けて袖のボタンも外し、ざっくりと腕まくりをしてみる。これだけでも適度にリラックス感が出せます。腕まわりが少し見えることで男らしい雰囲気も漂います。

腕まくりのポイントですが、均等の幅をまくるのではなく、**まずは大きく1回まくり、その上からもう1〜2度小さくまくるとバランスがよいです。**肘よりも上の部分まで見せてしまうとバランスが悪いので、肘〜肘の5㎝手前くらいまでを見せるようにしてみてください。

もう一つのテクニックが、「ボトムスのロールアップ」です。ここ数年、ボトムスの丈の長さは足をスマートに見せるため、裾部分にあまりたわみを出さずに着る傾向があります。特に、テーパードと呼ばれる膝から下が細くなっ

ボトムスのロールアップ

ているボトムスは、裾にたわみを作らないほうが足が長くスマートに見えます。

このように裾まわりをすっきりと見せる傾向は今後もしばらく続くと思いますが、丈の長さも時代とともにゆるやかに変化することは覚えておきましょう。**おすすめする裾の長さはハーフクッションと呼ばれる、裾に柔らかくたわみが出るような長さです。**時代に大きく左右されることがないので、まずはこの長さをベースとして裾の長さを決めましょう。

ハーフクッションに仕上げたボトムスを程よく着崩すのが、ロールアップです。

具体的には、裾を3〜4㎝ほどの幅で1回折り返してみてください。着こなしに適度なカジュアル感が漂います。さらにカジュアル感を出したい場合は、もう1〜2回ロールアップします。特に夏場はくるぶしを見せて、リラックス感を出したほうが季節の雰囲気にマッチします。

中でも試してもらいたいのがホワイトジーンズのロールアップです。ホワイトジーンズは少しキザに見えやすいので、ロールアップで適度にカジュアル感を加えましょう。

ロールアップの際には、フットカバーと呼ばれる浅めの靴下を履いてください。素足で靴を履いているように見えるので、軽快な雰囲気が漂います。

第3章

一目で信頼されるようになる！

「スーツスタイル」の法則

スーツはシンプルに着こなす

スーツについて見ていく前に、まずは左の例を見てください。

これらは、スーツスタイルにおけるNG例です。もし、いくつか当てはまるものがあれば、この機会にスーツスタイルを見直す必要があります。

そもそもみなさんにとって、スーツとはどのようなものでしょうか？

仕事上、仕方なく着ている「ユニフォーム」のようなものと考えている人も少なくないかと思います。

しかし、スーツというのは、自分のためだけに着るものではありません。相手ありきのものです。

ビジネスの場面で、**相手がどのような印象を受けるのかを考えながら着るべきものです。**

なぜなら、私たちは無意識のうちに相手の見た目から「この人は信頼できそうだ」あるい

スーツスタイルの失敗例

失敗例1
「無頓着すぎ」

スーツは「量販店でまとめ買い」「1日置きに着まわし」「機能性を重視」など、作業着扱いをしている。

失敗例2
「キメすぎ」

スーツスタイルで目立とうとし過ぎて悪目立ちしている。柄が多すぎてうるさい印象。

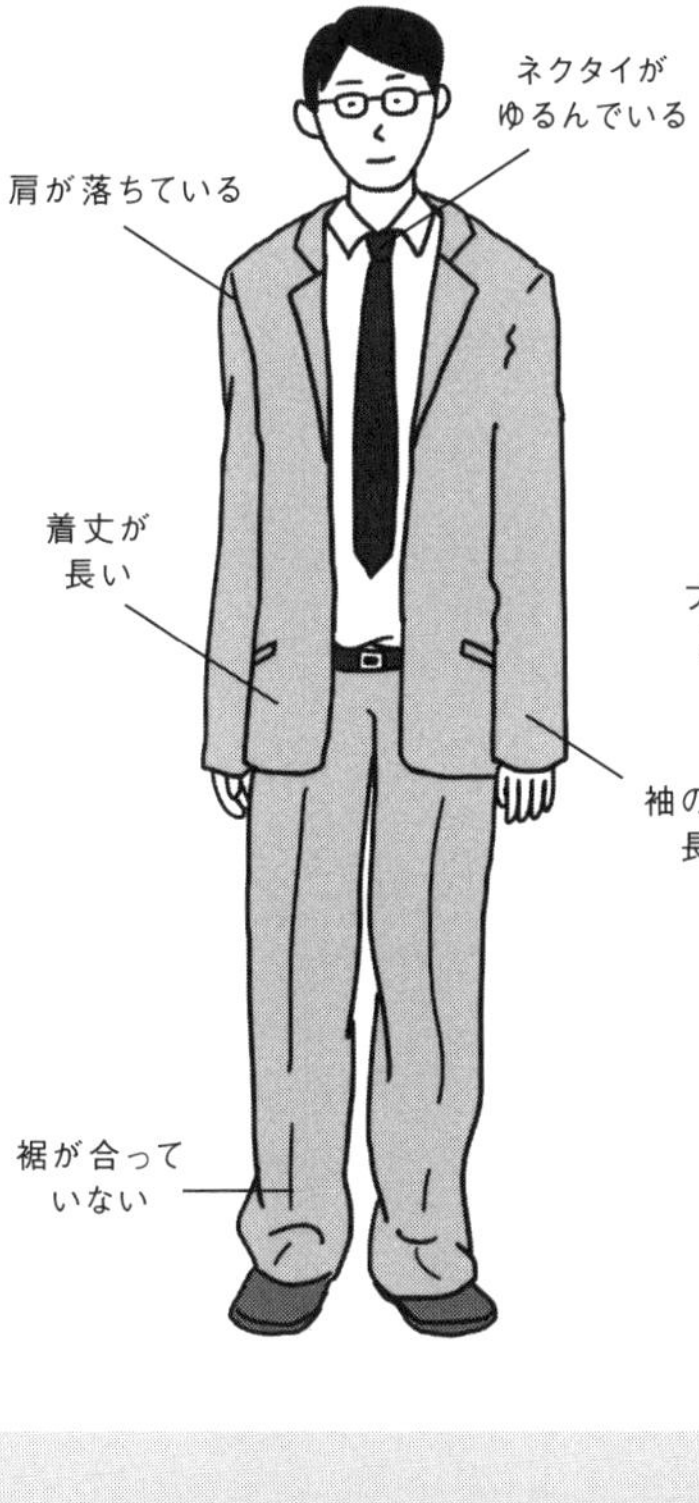

は「この人は頼りないな」ということを一瞬で判断しているからです。内面よりも、パッと見の第一印象で相手への期待感が大きく変わってしまうのです。

せっかくスーツを着るのであれば、信頼感があって、好感を持たれるスーツスタイルであったほうが仕事もスムーズに進みます。

スーツスタイルはファッションという枠ではなく、ビジネスの場面で信頼感を獲得するためのツールだと考えましょう。実際に私のお客さんでも、**スーツスタイルを変えただけで業績が上がったという人も少なくありません**。

まずはスーツをビジネスの一部だと考え、うまく向き合うことを意識するようにしましょう。

また、スーツスタイルは私服と明らかに異なる点があります。

それは、**これまでに積み上げられてきた歴史があり、一定のルールがある**ということです。そのため、おしゃれをするという以前に「着こなしのルール」に基づいて、丁寧に着る必要があります。

それだけでもスーツスタイルは十分に磨かれるもので、奇をてらう必要はまったくありません。**個性を出さず、「ふつうに着るだけ」で十分です。**

ところが、スーツスタイルの基本に則った着こなしができている人はとても少ないです。誰かがスーツの着方を教えてくれるわけではないので、正しい着こなしができている人は意外と少ないのです。

特に、近年はクールビズやウォームビズの影響で、スーツスタイルのカジュアル化が進んでいます。そのため、どんどん基本的な着こなしから外れていく傾向にあります。

しかし、これは逆にチャンスでもあります。**ふつうのことをやれば、それだけで素敵に見えるようになるのです。**この機会に定番的なスーツスタイルの基本を身につけましょう。

もちろん、スーツスタイルは奥が深いもので、いくらでもこだわることができるものです。しかし、第三者から見て誠実な印象を与えるために、細かなこだわりは必要ありません。

必要最低限の知識を身につけて、あとは型通りに実践するだけです。

普段、何気なく着ているスーツについて改めて考えてみる機会というのは、あまりないかと思います。ぜひ、この機会にしっかりとスーツスタイルの基本を身につけていきましょう。

スーツの
Method

スーツは価格より「シルエット」で印象が決まる

コレを揃える！

- 無地スーツ（ネイビーとグレー）
- ストライプスーツ（ネイビーとグレー）

お店ではココを見る！

- 色はネイビーとグレーに限定する
- ストライプの間隔は1cm前後を目安に

スーツスタイルの主役は、なんといってもスーツです。スーツは見える範囲も大きいため、選び方次第で全体の印象は大きく変わります。

ところが、スーツ専門店に行くとたくさんのスーツが並んでいるため、「どれを選べばいいのか正直わからない」という人も多いのではないでしょうか。

でも、安心してください。**スーツ選びにおいて押さえるべきポイントは限られています。**基本的な選び方さえ理解しておけば、本当に買うべきものをスムーズに見つけることができます。

スーツにも「流行」がある

スーツは私服と違って、デザインの変化が少ないものだと思っていませんか？

国内で売られているスーツは頑丈にできていますので、その気になれば10年くらいは着ることができてしまいます。スーツに流行がないのであれば、10年前のスーツでも十分に着られるはずですが、残念ながらそうはいきません。

スーツにもゆるやかな流行の変化があります。

特に顕著《けんちょ》なのが、「シルエットの変化」です。10年前のスーツに比べると、現在のスーツは細身にできています。無駄なゆとりが削《そ》ぎ落とされ、スマートに見えるように変化しています。そのため、古いスーツを着ていると、シルエットがダボッとしていて、野暮ったく見えてしまうのです。

また、スーツの襟まわりのデザインも緩やかに変化しています。襟幅や襟の形、Vゾーンの広さなど、時代によって微妙に変化するものです。

ですので、「まだまだ着られるからいいや」と言うのではなく、**私服と同様に、3年で見直し、5年で買い替えましょう。**一張羅の高いものを買って、それを10年間着つづけるよりも、時代に合わせて定期的にスーツを入れ替えることのほうが大切です。

また、実際に着ているスーツが高いかどうか、またはブランドものかどうかは、第三者からするとよくわからないものです。どんなに高かったスーツでも、シルエットが古臭かったり、サイズがしっかり合っていないと決して素敵には見えません。

第三者から見て明らかにわかりやすいのがシルエットです。スーツが身体に合っているか、今の時代の雰囲気に合っているか、その点はとても大切です。

10年前の高いブランド物のスーツよりも、今、量販店で売られている3万円のスーツのほうが素敵に見えることもよくあります。だからこそ、スーツは定期的な買い替えが大切なのです。

時代に左右されない色と柄を選ぶ ①無地のスーツ ②ストライプのスーツ

まず基本となるのは、「ネイビーとグレーの無地スーツ」と「ネイビーとグレーのストライプスーツ」の4種類です。これらは時代に左右されないオーソドックスなスーツです。まずは、これらを買い揃えていきましょう。

先ほど、スーツにもゆるやかな流行の変化があると伝えましたが、いつの時代にも変わらない定番の要素もあります。

それが「色」です。**もっとも定番的なスーツの色は、実は黒ではありません。**黒はフォーマル度が高く、決してオーソドックスな色とは言えません。

定番は、ネイビーとグレーの2色です。バリエーションをたくさん増やすのではなく、ベースとなるネイビーとグレーのスーツさえあればまず間違いあ

リングヂャケットの無地のスーツ

りません。そして、これは今後も変わらないオーソドックスなルールと言えます。

次にスーツの柄ですが、「無地」または「ストライプ」が基本です。**チェック柄などもありますが、ビジネスの場で用いるには難易度が高いです。**

まずはネイビーとグレーの無地、そしてストライプ柄を揃える。これだけでスーツのバリエーションとしては十分です。

ただ、ストライプは選び方に注意が必要です。**ストライプの間隔が広すぎるものは避け、間隔が1㎝前後のものを揃えます。**ストライプの太さは、「ピンストライプ」と呼ばれる、極細の縞《しま》であまり主張が強すぎないものを選ぶとよいでしょう。

「ボタン」と「裾」は好みでOK

ボタンの数にも基本的な型があります。

現在店頭に並んでいるスーツのほとんどは、2つボタン、または段返りの3つボタンのものになります。

段返《だんがえ》りの3つボタンというのは、Vゾーンが2つボタンのように広めに取られていて、一番上のボタンが襟の下に隠れているタイプのスーツです。

2つボタンも段返りの3つボタンもVゾーンが深めにとられていて、スマートに見えるという特徴があります。どちらを選んでも問題ありません。

また、後ろから見たときにジャケットの裾に入っている切れ目にも、サイドベンツとセンターベントという2種類があります。どちらが正解ということはなく、**センターベントはスポーティーな印象に、サイドベンツだと重厚感が出ます。**

スーツを購入するときは、身近な存在であるスーツカンパニーが心強い味方となります。3万円前後でオーソドックスなスーツが揃います。ジャケットの袖丈の長さやパンツの裾の長さなど、店員さんのアドバイスを受けながら丁寧に整えてください。

コレができれば80点超え！

もう少し投資できるのであれば、ユナイテッドアローズグリーンレーベルやユニバーサルランゲージで5万円前後のものを。さらに上であればシップス、エディフィス、ビームスなどのセレクトショップで7～8万円程度のものを試してみましょう。生地の質感や縫製の仕上がりが変わり、柔らかくフィットする感覚が得られるはずです。

シャツの
Method

ビジネスシャツに遊びは不要！定番の白とブルーの「セミワイドカラー」を揃える

コレを揃える！

- 白の無地シャツ
- 淡いブルーの無地シャツ
- 白×ブルーのストライプシャツ

お店ではココを見る！

- 襟の形（セミワイド）
- ストライプの間隔（あまり柄が目立ちすぎないもの）

シャツはジャケットを羽織ると見える範囲が少なくなりますが、上半身に位置するアイテムのため、とても目立つ存在です。

量販店や通販で格安で売られているシャツを着ている人は多いかと思いますが、これらのシャツは生地にしなやかさがなく、襟の作りもどこか頼りない印象です。そのためネクタイの収まりが悪く、あまり見栄えがよくありません。

一方で、主張の強いシャツにも注意が必要です。クールビズの影響で、細部に「遊び」のあるシャツが増えています。たとえば、**ボタンの色が黒かったり、ステッチに色が付いていたりするもの**です。地味なシャツに個性を取り入れたい気持ちもわかりますが、これらのシャツはスーツスタイルに適しません。

シャツで目立つ必要はまったくありません。大事なのは、着こなしの土台となるシンプルで品のいいシャツを着ることです。

シャツで必要なのは、「白の無地」「淡いブルーの無地」「白×ブルーの細かいストライプ」の3種類です。1週間着回すことを想定して、必要な数を揃えてください。

まずシャツの色ですが、選ぶべきなのは白と淡いブルーの2色のみです。他の選択肢はありません。これらはもっともオーソドックスで、この先も変わることがない定番の色合いです。ピンクやベージュ、グレーなど、シャツのバリエーションを増やしたいと思うかもしれませんが、その必要はありません。色をあえて絞ることでコーディネートも考えやすくなります。

セミワイドカラーを選択 ①無地のシャツ ②ストライプのシャツ

シャツ選びで大切なのは襟の形です。実は襟型にはたくさんの選択肢が存在します。その中でも、ビジネスシーンで選ぶべきものは限られています。**「セミワイドカラー」と呼ばれる、襟先の角度が90〜100度前後に広がっているものを選んでください。**

量販店や通販で売られている格安のシャツには、「レギュラーカラー」と呼ばれる襟先の角度が75〜90度と狭いものが多いですが、これを選んではいけません。以前は定番的な襟型でしたが、今では少し古くさい印象を与えてしまいます。

また、カジュアル着で紹介した「ボタンダウンシャツ」（P68）も定番的な襟型ですが、ビジネスでネクタイを締めるときにはあまり適さない形です。

襟はセミワイドカラーを選ぶ

また、**柄は無地のものを中心に揃えましょう**。白と淡いブルーの無地を揃えればそれだけで十分です。シャツは肌に最も近いアイテムなので、汗の影響を受けやすいです。ある程度は消耗品と考え、定期的に入れ替えるようにしましょう。

価格は高すぎるものを選ぶ必要はありません。おすすめはシャツ専門店のメーカーズシャツ鎌倉や通販での販売に力を入れているカミチャニスタです。6000円前後で上質なシャツが手に入ります。

コレができれば80点超え！

少し変化を取り入れたい場合は、白とブルーで構成されたシンプルなストライプ柄を選びます。ストライプは、なるべく主張の強くない、細かい柄を選ぶといいでしょう。また、シャツは袖の長さに注意が必要です。袖のボタンを開けたときに、親指の付け根よりも袖丈が長い場合は、店員さんに見てもらって長さを調整してください。スーツの袖からシャツが1㎝ほど覗くのが理想的なバランスと言えます。

ネクタイの
Method

個性的な柄はNG！数を5本に絞って上質な定番柄を新調する

コレを揃える！

- 無地のネクタイ
- ストライプのネクタイ
- 小紋柄のネクタイ

お店ではココを見る！

- ネクタイの幅（8〜8・5㎝）
- インパクトのある色・柄でなくシンプルなものを選ぶ

ネクタイは上半身の中央に位置するため、とても目立ちやすいアイテムです。ネクタイ次第でスーツスタイルの印象は大きく変わるので、丁寧に選ぶ必要があります。

よくある失敗例は、安っぽいぺらぺらのネクタイを締めることです。生地に張りがなく、立体感が出ないため、どうしても頼りない印象を与えてしまいます。

また、色や柄が目立ちすぎて、ネクタイだけが浮いているケースもよく見かけます。**ネクタイは、「個性を主張するための道具」ではありません。**全体との調和が大切であり、ネクタイだけに視点が集中するのは好ましくありません。

特に、ブランドもののネクタイを好む人は要注意です。締めているネクタイがどこのブランドなのかは、本人にしかわかりません。**魅力的なブランドのネクタイであっても、柄や色合いが全体とマッチしていなければ、決して素敵に見えません。**

こちらでは、ビジネスシーンで信頼感を高めてくれる、上品なネクタイを選ぶコツを身につけましょう。

社会人生活が長ければ長いほど、ネクタイの数は増えてくるものです。中には15本以上持っているという人も少なくありません。まずはネクタイの数をリセットすることから始めましょう。

なぜなら、使わないネクタイをたくさん持っていると、新しいものを選ぶときに「手持ちのネクタイと被らないものを買おう」という気持ちが働きます。すると、だんだん凝った色や柄のネクタイばかりを揃えるようになるからです。

しかし、本当に必要なネクタイは、個性的なものではなく、「ふつうのネクタイ」です。

そして、**ネクタイの数は5本もあれば十分です。**週に5回出勤するとしても、毎日違うものを使うことができます。それに、どんなにたくさんのネクタイを持っていても、気に入って使うものはだいたい5本程度です。だからこそ、数を思い切って絞り込むことで日々の着こなしがシンプルになり、コーディネートがしやすくなります。

8〜8・5cm幅で、落ち着いた色を①無地②ストライプ③小紋柄

ネクタイ売り場に行くと、たくさんの選択肢があるため、迷う人も多いかと思います。しかし、本当に選ぶべきネクタイというのは限られています。

ネクタイの幅は、およそ「8〜8・5cm」。これがいつの時代も変わらない定番のネクタイ幅です。実は「太さ」にも流行があり、幅が極端に狭いネクタイが多く出回った時期もありましたが、この太さを選んでおけば、まず失敗はありません。

ちなみに、**ネクタイの幅はスーツのジャケットの襟幅とほぼイコールの関係にあります。**ネクタイの幅が狭いものには、襟幅の狭いジャケットがよく合いますが、ビジネスシーンではあまり適していません。オーソドックスな8〜8・5㎝幅を選ぶようにしましょう。

続いて色です。ネクタイの色にも、ある程度の基本があります。ネイビー、グレー、ブラウンの3色を基準に選んでください。これらを選べば、ネクタイだけが前に出すぎることなく、全体の調和が取れます。

赤や黄色、緑などの原色は、色のインパクトが強すぎるため、コーディネートが難しくなります。まずは着こなしに馴染む色合いから揃えていきましょう。

色の選択肢を限定したら、次に柄を考えます。

柄の中でおすすめなのは、「無地」「ストライプ」「小紋」の3パターンです。色を変えてこれらの3パターンの柄を揃えるだけでも5本のバリエーションを揃えることができます。

意外に持っている人が少ないのが、「無地のネクタイ」です。柄や色ばかりに気を取られて、一番基本的なネクタイを持っていない人が非常に多いです。

無地のネクタイに派手さはないですが、締めてみると着こなしが上品にまとまります。まずはネイビーやグレーの無地ネクタイから揃えましょう。表面に細かい織りが入っていると、表情があってより素敵に見えます。

また、馴染みのある「ストライプのネクタイ」は、なるべくシンプルな柄のものを選びます。**色は2〜3色で構成されたものがおすすめです。**あまり柄が細かいと、ごちゃごちゃした印象になりますので、少しおおぶりなストライプ幅のものを選ぶといいでしょう。

小紋柄もオーソドックスな柄ですが、ストライプとは異なる落ち着いた雰囲気が楽しめます。ネイビーやグレーベースのシャープな色合いのものを選べば、おじさんっぽさが出ません。

このように、ネクタイは「色」と「柄」を固定して選ぶことで大きく失敗を減らすことができます。ネクタイは価格と品質がある程度比例するアイテムです。特にシンプルな色・柄のネクタイほど、素材の風合いで雰囲気がまったく異なります。**数は少なくて構い**

タイステーションの無地（左）と小紋柄（真ん中）とストライプ（右）のネクタイ

ませんので、できれば5000円以上のネクタイを選ぶようにしましょう。

中でもおすすめは、通販ネクタイショップのタイステーションです。センスのいいベーシックな柄や色のネクタイを揃えているので、ファッションが苦手な人でも安心して選べるはずです。また各種セレクトショップのネクタイももちろんお薦めです。

コレができれば80点超え！

ネクタイは、シャツとの隙間をできるだけなくし、しっかり上まで締めましょう。もっとも意識したいのが、「ディンプル」という結び目にくぼみを作ることです。おしゃれな人は、必ずネクタイの結び目にこれを作っています。単調なネクタイに立体感が生まれ、上品な印象を与えることができます。人差し指でしっかりと溝を作り、少しずつ締め上げていくときれいなディンプルを作ることができます。

ネクタイのディンプル

靴の
Method

定番の黒か焦げ茶を！
1日履いたら
2日休ませて長く使う

コレを揃える！

- ストレートチップ
（黒、ダークブラウン）
- セミブローグ
（黒、ダークブラウン）

お店ではココを見る！

- 自分の足に合っているか
- 革に不自然な光沢がないか

スーツスタイルの中でも靴は目につきにくく、つい後回しにしてしまいがちなアイテムです。履き心地を優先して、スニーカーのような作りの革靴を選んだり、量販店で安いものを買って1足だけを履きつぶしたり、靴選びを適当にしていませんか。

「足元を見る」という言葉があるように、**靴という目立たない部分にしっかり気を配れるかどうかで、ビジネスでの印象は大きく変わります。**

実は、ビジネス用の靴における選択肢はとても狭いです。使える色には制限があり、デザインにもある程度の型があります。ビジネスシューズに「遊び」は必要ありません。

定番のデザインは、「ストレートチップ」です。甲の部分に横に真っすぐ線が入っている靴です。ビジネスシューズといえば誰もが想像する基本的なデザインであり、ビジネスシーンから冠婚葬祭まで用いることができます。

トレーディングポストの
ストレートチップの革靴

安い靴は革に不自然な光沢があるので注意　①ストレートチップ

まず1足目は、オーソドックスなストレートチップの靴を揃えてください。ただし、**量**

販店で安い靴を買うと、革の表面が不自然に光り、全体の調和を崩します。シンプルな靴だからこそ、素材の持つ風合いにはそれなりにこだわりたいものです。**できれば2万円以上の靴を選びましょう。**3万円以上だと安心感があります。

適度にカジュアル感が漂う革靴②セミブローグ

次に揃えたいのが、「セミブローグ」の革靴です。縫い目の部分に「丸い飾り穴」が施されたデザインの靴です。ストレートチップに比べると、少しカジュアルな雰囲気です。そうは言っても、ビジネスシーンで使えないほどのカジュアル感ではないため、2足目の靴としておすすめです。ストレートチップだけではオーソドックスすぎるため、このように少し飾りのあるものを取り入れると、程よく華やかさが表現できます。

また、ビジネスシーンで使える色は限られています。「黒」か「深めのブラウン」の2色です。黒は定番中の定番ですが、ブラウンを選ぶとほんのりカジュアル感が漂います。ただ、**明るめのブラウンだと、スーツスタイルの中で**

トレーディングポストの
セミブローグの革靴

ひときわ目立ってしまい、全体の調和を崩します。ダークブラウンであれば、全体のバランスを損なうことはありません。

黒のストレートチップとダークブラウンのセミブローグなど、お好みで3足ほど揃えてください。よく、「靴にはもっとも投資すべきだ」という意見を聞きますが、10万円の靴を1足買うよりも、3万円の靴を3足買ってローテーションを組むほうが大事です。**毎日同じ靴を履き続けるのは避け、1日履いたら2日休ませる**ことで長く使うことができます。

コレができれば80点超え！

靴は一日中足元を支える「道具」としての一面も持っています。足に合わない靴は履いているだけで体調を損ねます。見た目だけを重視せず、自分の足に合っているかをしっかり見極めてくれる専門家が必要です。ビジネス用の靴は、量販店ではなく、靴の専門店で買うようにしましょう。トレーディングポストやワールドフットウェアギャラリー、メンズフロアが充実している伊勢丹や三越、阪急などの百貨店もおすすめです。

バッグの

Method

安物は頼りなく見えがち！流行に左右されにくい上質なものを選択

コレを揃える！

- レザーバッグ
- ナイロンバッグ
- バリスティックナイロンのバッグ

お店ではココを見る！

- 革の質感が安っぽくないか
- デザインはごちゃごちゃしていないか

バッグは、小物の中でも特に目に入りやすいアイテムです。たとえば、客先で書類を出し入れする際にはバッグに視線が集まります。よれよれのバッグを持っていると、それだけで信頼感を損ねてしまいます。

ビジネスマンのバッグを見ると、適当に選んでいる人が多いことに気づきます。**肩から下げるナイロン製のバッグやリュックタイプのバッグは、たしかに機能的ですが、スーツスタイルには合いません。**野暮ったく見えてしまいます。機能性も大切ですが、そのバッグを持つことで相手にどのような印象を与えるかを意識しながら選ぶことが大切です。

できる男に見えるバッグ ① レザーバッグ

まずおすすめするのは、上品な雰囲気が漂うレザーバッグです。天然素材である革製品は、スーツの雰囲気とよく合います。高級感があり、誰が見ても素敵に感じられます。

色はシンプルにブラックを選ぶといいでしょう。**装飾がなく、なるべくオーソドックスなデザインのものを選びます。**このようなレザーバッグはユナイテッドアローズで、

ペッレ モルビダのレザーバッグ

3・5万円前後で売っています。

レザーというと重そうな印象があるかもしれませんが、最近のレザーバッグは割と軽量にできています。まずは実物を手に取って確かめてみてください。

ナイロン×レザーで大人っぽさアップ ②ナイロンバッグ

なるべく軽いバッグを持ち歩きたいという人にはナイロン製のバッグをおすすめします。レザーに比べるとカジュアルな印象になりますので、**ナイロンとレザーがコンビになったものを選ぶと大人っぽく見せることができます。**

ナイロン製のバッグは、安いものを買ってしまうと頼りない印象を与えるので、少し価格帯は高いですがフェリージのバッグをおすすめします。

誰もが知るような有名ブランドではありませんが、ファッションに興味がある人にはある程度認知されているブランドです。

これみよがしにブランドを主張するよりも、たしかなモノづくりをしている専門ブランドのアイテムを持つことに

フェリージのナイロンバッグ

は一定の価値があります。フェリージのバッグは、時代に左右されない定番のデザインですので、ビジネスシーンにおいても活躍するでしょう。

シンプルかつ堅牢な ③バリスティックナイロンのバッグ

荷物が多く、堅牢な素材を求める人ならば、バリスティックナイロンで作られたビジネスバッグをおすすめします。中でも定番と呼べるのがトゥミのバッグ。シンプルなデザインなのでビジネスシーンにも比較的馴染みやすいです。また、ここ数年、愛用者が増えているブリーフィングもおすすめです。より定番的で安定感のあるデザインを選びたい人はトゥミを、今っぽさを取り入れたいという人はブリーフィングを選んでみてください。

コレができれば80点超え！

レザーバッグであれば、国内のバッグブランドであるペッレ モルビダのレザーバッグもおすすめです。5～6万円と決して安くはありませんが、革の質感も上質ですし、高級感が漂います。流行に大きく左右されず、数年使うことができます。

コートの
Method

オン・オフ兼用で使い回せる上質なものを2着揃える

コレを揃える！

■ステンカラーコート
（オン・オフ兼用で着回す・P88）

■チェスターコート
（オン・オフ兼用で着回す・P88）

お店ではココを見る！

■着丈の長さ
（ひざ上10～12㎝くらいを）

■ジャケットの上に羽織っても窮屈すぎないか

真冬に活躍するコートは、スーツ以上に見える範囲の大きいアイテムです。安っぽいものを着てしまうと、せっかくのスーツスタイルも台無しになりますので、少し背伸びをして上質なものを買うことをおすすめします。

コートにも着丈の長さやフィット感にゆるやかな流行の変化がありますので、5年に一度は買い替えを検討してください。

ステンカラーコートを着回す

ビジネスシーンで必要なコートは2種類で、どちらも第2章のカジュアル着で紹介したものと共通です。

まずは少し肌寒い秋口や春先に活躍する「ステンカラーコート」です。

もっともオーソドックスな形のコートで、スーツとの相性もいいです。**シルエットはあまり細身にできておらず、大柄の体型の人にもよく似合います。**

色はネイビーかグレーを選びましょう。シンプルなだけに、安いものを買うと、おじさんっぽく見えてしまいます。

少し背伸びをして、ユナイテッドアローズやシップス、エディフィスなどのセレクトショップで買うことをおすすめします。

また、マッキントッシュ フィロソフィーのステンカラーコートは機能的でデザインも洗練されているのでおすすめです。**軽く後ろ襟を立ち上げると、単調な見た目に男らしさを加えることができる**ので、ぜひ試してみてください。

チェスターコートを着回す

もうひとつは冬場に活躍するウールの「チェスターコート」です。カジュアル着でも紹介したように、ジャケットの着丈をそのまま長くしたようなデザインのコートです。

細身のシルエットのものが多く、着ているだけでスタイルがよく見えます。こちらもネイビーやグレーなどのシンプルな色合いのものを選びましょう。このような定番アイテムをシンプルに着るだけでも洗練されて見えるはずです。

また、チェスターコートはデザイン的に首元が空くので、このスペースにマフラーを差し込むと防寒にもなりますし、見た目の上でもアクセントになります。

チェスターコートの着丈は、ひざ上10～12㎝くらいのものを選びます。**Pコートのような着丈の短いコートだと、ジャケットの裾部分が見えてしまい、見栄えがよくありません。**

お尻がしっかり隠れる長さのあるコートを選ぶことが大切です。

チェスターコートもセレクトショップでの購入をおすすめします。ユナイテッドアローズ、エディフィス、シップスには定番のチェスターコートが並んでいます。

コレができれば80点超え！

コートを試着する際には、実際にジャケットを着用した上に羽織るようにしてください。店員さんにお願いすれば、ジャケットを貸してくれるはずです。オン・オフで着られるような適正なサイズを選ぶようにしてください。

これらのコートはスーツスタイルだけでなく、合わせるアイテム次第でカジュアル着としても使うことができます。どちらのコートもきれいめの印象が強いため、ブルージーンズやスニーカーなどのカジュアルなアイテムを合わせると、適度に着崩すことができます。このように着回しのできるアイテムこそ、妥協せずにしっかり投資するようにしましょう。

インナーの
Method

透けて見えるのはNG！「存在感」を感じさせないインナーを選ぶ

コレを揃える！

■ カットオフインナー（ベージュ）

お店ではココを見る！

■ シャツから透けていないかどうか

■ 第一ボタンを外しても見えないかどうか

最後に、もっとも地味で目立たない存在であるインナーについて説明します。

インナーなんてスーツスタイルと関係がないと思っている人も多いかもしれません。ところが、スーツを着ている人を見ると、**インナーで大きな失敗をしている人が多い**ことに気づきます。

・ネクタイを外したときに首元からインナーが見える
・シャツの上からランニングの線が透けて見える

これではスーツスタイルが台無しになってしまいます。

本来、正統派のスーツスタイルにおいて、シャツの下にインナーは着ないものです。シャツ自体が下着であり、その下にさらにインナーを着るということは、実は不自然なことなのです。

ところが、湿気の多い日本において、シャツの下にインナーを着ないのはかえってルール違反です。

インナーを着ると汗を吸ってくれますし、女性がもっとも不快感を覚える男性の「乳首の透け」もカバーしてくれます。そういった意味でも、インナーは必須アイテムと言えます。

着てないように見えるものを　カットオフインナー

それでは、どのようなインナーを選べばいいのでしょうか。

スーツスタイルにおけるインナーは、なるべく存在を感じさせないものを選ぶことが大切です。

最近ではカットオフインナーと呼ばれるものが多数売られています。

たとえば、グンゼのSEEKやユニクロのエアリズムシームレスVネックTシャツなどが挙げられます。

これらのインナーには**縫い目がなく、切りっぱなしのデザインになっているため、上にシャツを着ても、ほとんどインナーの存在を感じさせません**。まるでインナーを着ていないように見えます。

また、これらのインナーはネック部分が深めにできてい

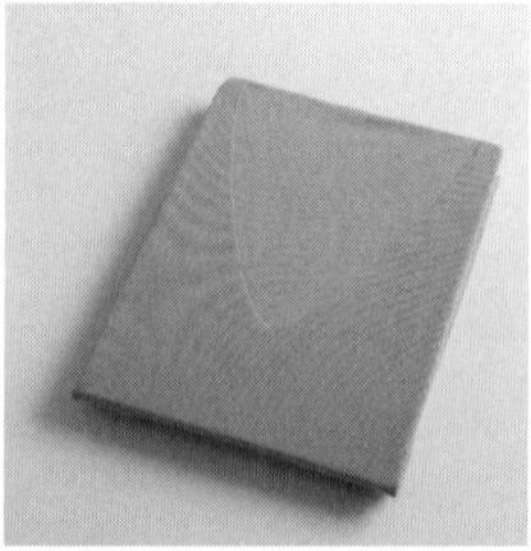

ユニクロのベージュのカットオフインナー

るので、第一ボタンを開けてもインナーが見えることはありません。スーツスタイルだけではなく、次の章で説明するジャケパンスタイルでも重宝します。

インナーにはさまざまな色がありますが、**中でもおすすめはベージュです。**単体で見るとおじさんっぽく見えるのですが、もっとも肌なじみがよく、シャツの上からでも透けにくいのが特徴です。

インナーは見えないことがもっとも重要なアイテムなので、目立ちにくいものを選ぶようにしましょう。

コレができれば80点超え！

1週間で必要になる枚数はおよそ3～5枚程度です。この際に、まとめて買い揃えてもよいかもしれません。

決して目立たない地味なアイテムですが、派手な演出が必要のないスーツスタイルだからこそ、細部をしっかりと整えることが大切です。ぜひインナーにもこだわりを持って選んでみてください。

オーダースーツに挑戦する

スーツスタイルにおいて重要となるのがシルエットです。どんなに素材のいいスーツでも身体にフィットしていなかったり、時代を感じるシルエットだと残念ながら素敵には見えません。ただ、身体に合うスーツを探すのは意外に難しいものです。体型は人それぞれですから、必ずしも既製品が身体に合うわけではありません。

たとえば学生時代に運動をしていた人は、太ももやお尻まわりの筋肉が発達しているため、上半身とのサイズのバランスが取れない場合があります。または高身長だったり、細すぎたり、ぽっちゃり体型だったり、様々な理由で既製品が合わない人も多いです。

そんなときに活用したいのがオーダースーツ店です。オーダースーツ店というと、価格が高くて手が届かないと思われがちです。もちろん選ぶ生地によって価格は大きく変わりますが、**3万円台後半からスーツを仕立てることができるお店もあります。**

セレクトショップでスーツを買えば5万円を超えるものも多いですが、同じくらいの価格で自分の身体に合ったスーツを仕立てることができます。

中でもおすすめするのは、オーダースーツ店と言っても「パターンオーダー」というシステムを採用しているお店です。自分の体型に近いゲージ服を着て、そこから細かな調整を加えながら体型に合った1着を仕上げていくシステムです。一からデザインやディテールを決めていく「フルオーダー」に比べると、手が届きやすい価格帯になっています。

オーダースーツ店にも様々な選択肢があるのですが、中でも特におすすめなのが麻布《あざぶ》テーラーです。3万円台からオーダーができますし、ベースとなる型紙のデザインも洗練されています。

スーツのオーダーは、生地のグレードによって価格が変わります。まずは無理のない範囲で仕立ててみましょう。あらかじめスタッフの人に予算を伝えておくとスムーズです。

また、オーダーは生地選びからスーツのデザイン、ボタンなど、選ぶべき項目がたくさんありますが心配はいりません。111ページで説明したように、色はネイビーかグレー、ボタンの数は2つボタンか段返りの3つボタン、背中はサイドベンツを選ぶといいでしょう。

中でもこだわりたいディテールはボタンです。オプション価格になりますが、「本水牛《ほんすいぎゅう》ボタン」を選ぶと高級感が漂います。ボタンは意外に目立つので、こだわりを持って選んでみてください。

また、オーダースーツ店で仕立てられるのはスーツだけではありません。**シャツもオーダーすることができます。**実はシャツもサイズ選びが難しいアイテムの一つです。既製品だと首まわりとお腹まわりのバランスがうまく取れない人も多いかと思います。

そのような人は自分の身体に合ったシャツを仕立ててみましょう。セレクトショップと同等の価格帯でシャツを仕立てることができます。こちらも、116ページで紹介したように、白や淡いブルーのオーソドックスな色で、セミワイドの襟型を選択してください。ボタンもたくさんの選択肢がありますが、黒などの主張が強いものを選ぶのではなく、**全体と調和するようなアイボリーやホワイトのボタンを選ぶようにしましょう。**

あらかじめショップスタッフの人に「オーソドックスなものを仕立てたいです」と意向を伝えておけば、スムーズに案内してもらえます。オーダーだからといって、特別なものを仕立てようというのではなく、日常でもっとも活躍するようなオーソドックスなものを優先して仕立てるようにしてください。

第4章

「ジャケパン」の法則

きれいめの私服からビジネスまで活躍！

ジャケパンスタイルが大切な理由

この章では「ジャケパンスタイル」について説明します。

ジャケパンスタイルというのは、ジャケットとパンツに同色・同素材のものを用いるのではなく、**ジャケットとパンツで違うものを組み合わせるスタイルです。**

一番オーソドックスなジャケパンスタイルといえば、紺のジャケットにグレーのスラックスという組み合わせが挙げられます。このような組み合わせはビジネスシーンで用いられることが多いです。また、カジュアルなジャケパンスタイルとして代表的なのが紺のジャケットにブルージーンズという組み合わせです。

このように上下で別のアイテムを組み合わせることで、着こなしの幅は大きく広がります。

ここ数年、ビジネスシーンではファッションのカジュアル化が進んでいます。クールビズの影響で、夏場にネクタイを締めている人は大きく減りました。週に数回はカジュアルなファッションでの出社を推奨《すいしょう》している会社も増えつつあります。

今まではスーツだけを着ていればビジネスの場面ではまったく問題がなかったのですが、今ではスーツを着崩したスタイルが求められる場面が少しずつ増えてきています。まさにこのような状況にもっとも適しているのがジャケパンスタイルです。

また、ジャケパンスタイルが使える場面はビジネスシーンだけではありません。**少しきれいめな休日着としてもジャケパンスタイルは重宝します。**

第2章のカジュアル着でもお伝えしましたが、大人の休日着はついカジュアルな方向へ寄りすぎてしまう傾向にあります。

そこで、ジャケットを取り入れた着こなしを実践することで、「きれいめ」と「カジュアル」のバランスが取れるようになります。**レストランに食事に出かける際にも重宝しますし、婚活やデートにも、ジャケットを羽織るだけで大人っぽく見え、清潔感が出ます。**

ところがジャケパンスタイルをしっかりと理解できている人は非常に少ないです。スーツスタイルのように明確な型がないため、着こなしがわからない人が多いのです。

でも安心してください。この章では80点ファッションを実現するためのシンプルなジャケパンスタイルの「型」をお伝えしたいと思います。

ジャケットの
Method

万能で最強のアイテム！ラクに着られるネイビージャケットを揃える

コレを揃える！

■ 無地のジャケット
（ネイビー）

お店ではココを見る！

■ ネイビーの色味
（濃すぎないように）

■ 着やすさ
（肩パットや芯地がないものを）

ジャケットは「ジャケパンスタイル」における主役アイテムです。

どんなにカジュアルなスタイルでも、これさえ羽織れば、すぐに大人っぽく見せることができます。大人の男性にとってのマストアイテムとも言えます。

また、**ジャケットのように型がしっかりと決まっているものを外側に羽織ることで、スタイルも良く見えます。**積極的に活用したいアイテムです。

これ1着で十分！　ネイビーの無地ジャケット

ジャケットの定番といえば「ネイビーの無地ジャケット」が挙げられます。流行に左右されることのない、基本中の基本のジャケットです。

定番だからといって退屈に見えるかといえば、そうではありません。合わせるシャツやボトムスを変えるだけで、たくさんのコーディネートが可能になります。

ジャケットといえば、つい黒を選びたくなるものです。

無難で着回しがしやすいように感じるかもしれませんが、**黒だとどうしても重く見えすぎてしまいます。**黒と同じよ

ラルディーニのネイビーの無地ジャケット

うに濃い色でありながら、ほどよく柔らかさを感じられるネイビーこそが、万能ジャケットと呼べます。

様々なカラーバリエーションのジャケットを揃えるよりも、まずはネイビーを1着揃えれば十分です。これほど合わせやすく、かつ好印象なジャケットは他にはありません。

見た目は「きれいめ」で「ラクに着られるもの」

ネイビーの無地ジャケットといっても、実は様々なバリエーションが存在します。スーツのようにカチッとしたものから、カーディガンのようにラフなものまでいろいろです。まず揃えるべきは、ビジネスシーンでも活用できるような、程よくきちんと感のあるジャケットです。

素材はウールのホップサック生地やジャージー素材がおすすめです。ホップサックというのは、麻袋のようなざっくりとした織りの生地のことを指します。一方でジャージー素材は生地がしなやかで肌触りもよく、とても着心地がいい素材です。

黒に限りなく近いネイビーを選ぶとビジネスシーン以外では使いにくくなるため、少し青みが感じられるようなものを選びましょう。

ジャケットの作りですが、**肩パットや芯地のないラフなものを選びます**。見た目はきれいめですが、着用感はラクなものを選ぶとカジュアルな場面でも使いやすいです。ボタンの数はスーツと同様に、2つボタンか段返りの3つボタンのどちらを選んでも問題ありません。

このようなオーソドックスなジャケットはスーツカンパニーで取り扱っています。価格は2万円前後ですので手に入れやすいでしょう。

コレができれば80点超え！

もう少し投資できるのであれば、セレクトショップのオリジナルのものをおすすめします。

定番のネイビー無地ジャケットにもゆるやかな流行の変化があります。既に数年前に買ったネイビージャケットをお持ちの人も、5年を目安に新調するようにしましょう。ジャケットはジャケパンスタイルのメインアイテムなので、少し背伸びをして揃えてみてください。

シャツの
Method

手持ちのものでOK！ジャケパンスタイルのバリエーションを増やす

コレを揃える！

■ ロンドンストライプのボタンダウンシャツ
■ ニットタイ（ネイビーやブラウン）

お店ではココを見る！

■ シャツの着丈の長さ（出しても着られるかどうか）
■ ストライプの幅の広さ（程よいアクセントになるロンドンストライプを）

先ほどジャケットはネイビー無地を揃えれば十分だとお伝えしました。たった1枚のネイビージャケットがあれば、シャツとボトムスの組み合わせ次第で十分にコーディネートのバリエーションを増やせるからです。

ジャケパンスタイル用に新しくシャツを新調すべきかというとその必要はありません。というのも、**これまでにご紹介してきたカジュアル用のシャツやビジネス用のシャツを活用することができる**からです。

カジュアルシャツを着回す

第2章で紹介したカジュアル用のシャツは、「白のボタンダウンシャツ」と「デニムシャツ」、「ギンガムチェックシャツ」でした。

この3つのシャツをジャケットに合わせれば、きれいめの私服コーディネートが完成します。これらのシャツはどれもネイビージャケットと相性抜群です。

特に、**デニムシャツを合わせれば、ネイビーとブルーのグラデーション効果でとてもおしゃれに見えます。**ギンガムチェックのシャツは単体だと少し子どもっぽく見えてしまうのですが、ジャケットを羽織ることで柄の見える範囲が減り、チェックが程よいアクセントとなります。

ジャケットを羽織る際には、**シャツの裾はインしたほうが大人っぽく見えます**。基本はインして着こなしましょう。一方でカジュアルな雰囲気を出したいときには裾を出してみてください。その際、裾が長すぎないかをよく確認してください。ジャケットの裾よりもシャツの裾が長いとバランスが悪いので注意しましょう。

白のボタンダウンシャツはインして着ると少し退屈に見えます。外に出して着ると程よくカジュアル感が出せます。

ビジネスシャツをカジュアルダウン　ニットタイ

次に第3章で紹介した「白シャツ」、「淡いブルーシャツ」、「ストライプシャツ」です。ビジネス用のセミワイドのシャツは、ネクタイを締めることを前提に作られているので、ノーネクタイだと少し物足りない雰囲気になってしまいます。

ただ、**ビジネス用のネクタイをそのまま使ってしまうと、ジャケパンスタイルでは少し雰囲気が固すぎてしまいます**。そこでカジュアルな雰囲気が手軽に出せる「ニットタイ」を活用します。

おすすめはネイビーやブラウンの無地のニットタイです。これらは3つのシャツとも相性がよく、程よくカジュアルダウンができます。

ニットタイはスーツカンパニーやタイステーションなどで新調しましょう。

タイステーションのニットタイ

コレができれば80点超え！

さらにあると便利なのが、ノーネクタイ用のシャツです。ボタンダウンは襟がしっかりと固定されるため、ノーネクタイ用のシャツとして重宝します。「ロンドンストライプ」と呼ばれる、ビジネス用のストライプシャツよりも太めのピッチのものを揃えると、ジャケパンスタイルの場面で活躍します。

ロンドンストライプのシャツ

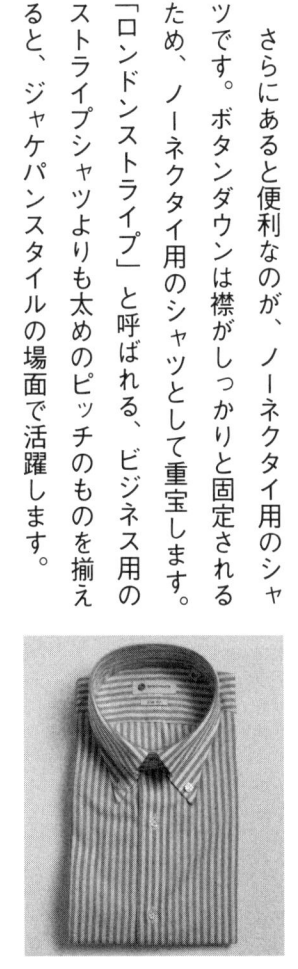

ボトムスの
Method

ジーンズも大人っぽく着こなす！カジュアル度に合わせて使い分けを

コレを揃える！

■グレーのウールスラックス
■ベージュのコットンスラックス
■ジーンズ
（カジュアル着を着回す・P72）

お店ではココを見る！

■身体に合ったシルエット
■スラックスの色合い
（季節に合わせて濃さを変える）

ボトムスもシャツと同様に、ジャケパンスタイルのカジュアル度によってアイテムを使い分けるようにしましょう。

季節によって濃度を変える①グレーのウールスラックス

ビジネスシーンでもっとも活躍するボトムスといえば、グレーのウールスラックスが挙げられます。紺のジャケットにグレーのスラックスという組み合わせは、もっとも定番的なジャケパンスタイルです。

グレーのスラックスといっても、色の濃度によって様々な選択肢があります。できれば季節によって使い分けるのがベストなのですが、まずは基本の一本として、「ミディアムグレー」と呼ばれる、濃すぎず薄すぎない中間色のグレーを選びましょう。

ミディアムグレーに加えて、**春夏は明るめのライトグレー、秋冬は濃いめのチャコールグレーを選ぶと季節感が出ます。**

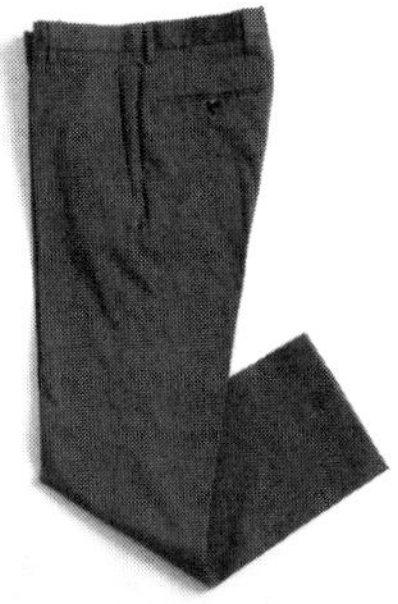

グレーのウールスラックス

次に素材についてですが、春夏であればトロピカルウールと呼ばれる薄手でさらりとした風合いの素材を選びます。秋冬はサキソニーと呼ばれる光沢感があって柔らかな素材のものを用いるとよいでしょう。

このようなスラックスはスーツカンパニーにたくさんのバリエーションが揃っています。店員さんのアドバイスをもらいながら、季節に合ったグレーのスラックスを選んでみてください。

すでにグレーのスラックスを持っている人も、**最近のスラックスは膝から下が細めに作られており、数年前のものに比べるとかなりスマートになっています。**古いものを活用するのではなく、この機会に新調することをおすすめします。

程よくカジュアル感を加える②ベージュのコットンスラックス

次に揃えたいのがコットンスラックスです。コットンスラックスというのは、素材こそコットンですが、作りはスラックスのようにビジネスシーンでも活用できるようなきれいめなボトムスです。

シルエットは細身でセンタープレスが効いているため、カジュアルなビジネスの場面に活用することができます。膝から下に掛けて細身に仕上がっているので、従来のチノパンに比べるとスタイルがよく見えます。

おすすめは明るめのベージュのコットンスラックスです。ネイビージャケットとの相性がいいので重宝します。**シルエットが細身のものを選べば、ベージュ特有の野暮ったさも出ないのでビジネスの場面にも活用できます。**また第2章で紹介したグレーのコットンパンツも活用できます。

コットンスラックスもスーツカンパニーやセレクトショップで揃えることができます。クールビズ（P164）でも活躍するボトムスです。

色落ちで適度なカジュアルさを ③ ブルージーンズ

74ページで紹介したブルージーンズも、ジャケパン用のボトムスとして活用することができます。単体で見ると非常にカジュアルな印象のブルージーンズもネイビーのジャケットと組み合わせることで大人っぽい雰囲気で着こなすことができます。

あまり色落ちしていない濃いめのジーンズを合わせれば、ジーンズであっても比較的大人っぽい着こなしにまとまります。カジュアルなレストランであれば、ジャケットさえ羽織っていればきれいめのジーンズを合わせても問題ありません。

また、休日のリラックス感を出したいときは、少し色落ちしたジーンズを用いると適度にカジュアル感が漂います。

一方で、**激しいダメージジーンズや色が抜けきったラフなジーンズはジャケットと雰囲気があまりに違いすぎるため着こなしに馴染みません。**

細身のきれいめなジーンズをジャケットに合わせることで、大人っぽくまとめるようにしましょう。

ネイビー×ホワイトで爽やかな印象④ホワイトジーンズ

ジャケパンスタイルの中でも、ネイビーとホワイトの組み合わせはもっとも爽やかに見えるコーディネートです。大人の男性には積極的に取り入れていただきたい組み合わせです。これだけでもふだんより数段おしゃれに見えます。

ジャケットに合わせるシャツはデニムやギンガムチェックのシャツがおすすめです。休日に少しおしゃれをして出かけたいときには、特に試していただきたいスタイルです。

コレができれば80点超え！

ウールスラックスやコットンスラックスは、各種セレクトショップにも揃っています。少し価格は上がりますが、イタリアのボトムス専業ブランドであるインコテックスのスラックスは非常にシルエットがきれいです。予算が許すのであればぜひ試してもらいたい一本です。

シーン別に使い分ける

革小物の
Method

ブラウンの革小物で
統一すると
おしゃれにまとまる

コレを揃える！

- ブラウンの靴
（スーツスタイルのもの・P124）
- ブラウンのベルト
- レザーのトートバッグ

お店ではココを見る！

- ブラウンの色の明るさ
（深めのものを）
- 色の統一感

続いて、ジャケパンスタイルにおける革小物の選び方について説明したいと思います。スーツ用の黒の革靴や黒のベルトをそのままジャケパンスタイルに用いると、全体のコーディネートの中で小物の雰囲気だけが硬すぎてしまい、うまく調和しません。

また、**先が尖っている革靴や明るめのブラウンの革靴、またはブランドロゴが目立つベルトなどを使うと着こなしの中で浮いてしまいます。**ジャケパンスタイルに適した、程よくカジュアル感のある小物を取り入れることが大切です。

色を揃えて統一感を出す　①ブラウンの靴　②ブラウンのベルト

靴は濃いブラウンのものがおすすめです。124ページで紹介した表革のブラウンの靴を使います。着こなしの中に適度にカジュアル感を加えることができます。

また、スエード素材の靴を用いると、さらにリラックス感を出すことができます。**スエードのストレートチップやセミブローグの靴はジャケパンスタイルととても相性がいいです。**こちらも色は濃いブラウンが使いやすいでしょう。

靴とベルトの色を揃えると、全体の調和が取れます。スエード靴には同色のスエードのベルトを合わせるとよりおしゃれに見えます。**素材まで合わせるのは難しくても、色を揃**

えるだけでも十分素敵に見えます。

ベルトはジャケパンスタイルのカジュアル度に合わせて変えるようにします。ビジネスでも活用できるようなきれいめのジャケパンスタイルには、焦げ茶のカーフ素材のベルトを合わせます。ブルージーンズやホワイトジーンズなどのカジュアルなジャケパンスタイルには焦げ茶のメッシュベルトを活用しましょう。

全体の雰囲気に合わせて用いるベルトのカジュアル度を変えると、全体のバランスが取りやすくなります。

肩から掛けてカジュアル感アップ③レザーのトートバッグ

バッグも全体のカジュアル度に合わせて使い分けます。**ネクタイを締めるのであれば、スーツ用のバッグでもよいですが、カジュアル度が高くなると雰囲気が合わなくなります。**

もっとも使い勝手がいいのが第2章でもご紹介したレザーのトートバッグです。持ち手の部分が長く、肩からも掛けられますので、程よくカジュアル感を出すことができます。デザインは装飾のないシンプルなものを選びます。黒もいいですが、焦げ茶やネイビーもおすすめです。

バッグもベルトや靴と色を合わせると統一感が増しますが、バッグまで完全に色合わせをするのは予算との兼ね合いもありますので、そこまで意識しすぎることはありません。シンプルなレザーのトートバッグはユナイテッドアローズやシップスのオリジナルのものがおすすめです。3〜4万円程度で上品なトートバッグが手に入ります。

コレができれば80点超え！

少し難易度が上がりますが、スエードのローファーも非常に重宝するアイテムです。ローファーというと学生靴のような印象があるかもしれませんが、スエード素材を選べば大人っぽさが出てセンスよく見えます。

実はスエードのローファーはジーンズとよく合います。ジーンズの裾を軽くロールアップして少しくるぶしを見せると、程よくカジュアル感が出て素敵です。

トレーディングポストの
スエードのローファー

クールビズの
Method

クールビズ専用のアイテムでまわりの人と差をつける！

コレを揃える！

■ 鹿の子素材のシャツ
■ ロゴのないポロシャツ

お店ではココを見る！

■ カジュアルな風合いの生地感（鹿の子素材）
■ ポロシャツの着丈の長さ

2005年頃から導入されはじめたクールビズも今ではすっかり浸透し、夏場に上下スーツにネクタイを締めている人はずいぶんと減りました。

しかし、**クールビズを実践している人を見ると、上手に着こなせている人はごく少数です。**袖がダボッとした白の半袖シャツ、スーツの組下の黒いスラックス、スーツ用の黒の革靴に黒の革ベルト、シャツから透けて見えるランニング。または黒のボタンや縫い糸に色が付いている派手なシャツ、明るいブラウンの革靴、ブランドロゴが入ったベルトなど、間違ったクールビズをしている人は多いです。

スーツのような「型」があれば着こなしには迷わないので、ここではクールビズスタイルの必要最低限の「型」をお伝えしていきます。

夏場にぴったりの素材①鹿の子素材のシャツ

クールビズスタイルの要と言えるのがシャツの存在です。

街で安売りされている半袖シャツを着ると、袖部分がだぼっとして、二の腕が露わになってしまいます。これでは清潔感が漂いませんし、見栄えもよくありません。

まず大人の男性に揃えてもらいたいのは断然、長袖シャツです。長袖シャツを着て、ざつくり腕まくりをして着ると、二の腕部分が隠れるので大人っぽく見えます。

シャツは白、淡いブルー、ストライプの3種類を揃えれば十分ですが、スーツ用のシャツをそのまま使うのではなく、クールビズ用のシャツを新調することが大切です。

鹿の子素材のシャツ

夏場は「鹿の子《かのこ》」素材を着ましょう。鹿の子というのはポロシャツのように伸縮性があり、通気性に優れた素材です。表面に凹凸があるため、ペタッと肌に張り付くこともありません。見た目にも適度にカジュアル感が出るので、クールビズ用のシャツとして適しています。

襟は収まりのいいボタンダウンやワイドカラーを選びます。ボタンや縫い糸はシンプルな白が基本です。ここに一切の遊びは必要ありません。

もし、**退屈に感じるのなら、無地シャツではなく、ストライプのシャツを着るようにしましょう。**スーツに合わせるような細かいストライプではなく、少し間隔の広いロンドンストライプを用いると程よいアクセントになります。

さらにカジュアル感を加えたい場合は、69ページで紹介したデニムシャツやギンガムチエックのシャツを合わせるのもおすすめです。

夏場のボトムスのルール

クールビズでは、スーツの組下パンツを着用するのは避けましょう。**黒やネイビー、グレーなどの濃い色のウールパンツは夏場には暑苦しく見えてしまいます。**

おすすめはミディアムグレーのウールスラックスです。スーツカンパニーやセレクトショップにはクールビズ用のボトムスが多数揃っています。Coolmaxなどの高機能素材のものも多く、夏場でも心地よく履けるものが見つかるはずです。

また、コットンスラックスも便利です。色は明るめのベージュやネイビーが使い勝手がよいです。クールビズ用に3本ほどボトムスを用意しておくと便利です。

夏場の革小物のルール

クールビズで用いる革小物は黒ではなく、160ページで紹介した濃いブラウンのものを使うといいでしょう。全体のカジュアルな雰囲気と調和します。

革靴とベルトはブラウン系でまとめます。**あまり明るいブラウンだと、着こなしの中で**

浮いてしまうので濃いめのブラウンがおすすめです。

裾を出してラクに着こなす ②ポロシャツ

クールビズでポロシャツを用いる人も増えています。きれいめに見えるポロシャツであれば、クールビズにも十分対応ができます。セレクトショップで胸元にロゴのないシンプルなものを選びましょう。

様々なカラーバリエーションがありますが、特におすすめなのがネイビーのポロシャツです。色の効果で締まって見え、ポロシャツ特有のおじさんっぽさが出ません。

またポロシャツの裾はインするか外に出すかは迷いどころです。インしたほうがカチッとして見えますが、おじさんっぽく見えてしまいます。かといって着丈が長すぎるとだらしなく見えるので、**裾が長すぎないものを選び、外に出して着るようにしましょう。**

もし、裾が長い場合は、「外に出して着たい」と店員さんに伝え、骨盤と股の中間位置くらいの着丈に直してみてください。

ポロシャツ

最後にクールビズのコーディネートについて簡単なコツを1つお伝えします。シャツとボトムスで色のコントラストをつけてみてください。白シャツであればネイビーのコットンパンツを、ネイビーのポロシャツにはベージュのコットンスラックスを、というように**上が明るければ、下を濃く。上が濃ければ、下を薄くする**のです。

コレができれば80点超え！

暑がりの人はやはり半袖シャツを着たいかもしれません。その場合は、腕まわりがすっきりした半袖シャツを着てください。安いシャツは腕まわりがゆったりしてだらしなく見えますが、腕まわりや身幅が程よくフィットしている半袖シャツは、大人っぽく着こなすことができます。スーツカンパニーやカミチャニスタ、各種セレクトショップでタイトな半袖シャツを揃えましょう。シャープな見た目が実現できるはずです。

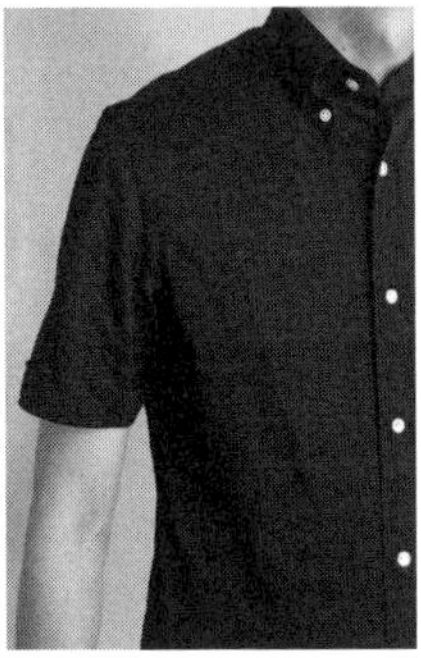

半袖シャツ

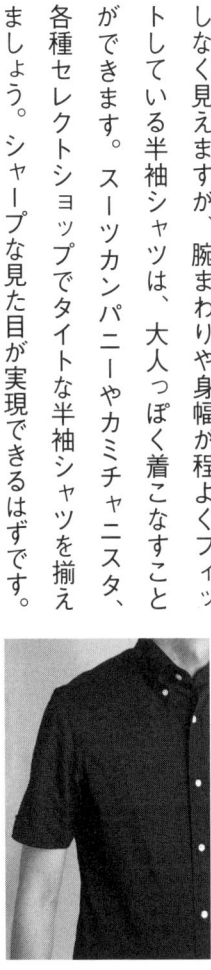

ジャケパンにTシャツとニットを取り入れる

ジャケットにシャツとボトムスを合わせるというのが基本のジャケパンスタイルですが、この基本型に少し変化球を加えることで、さらに着こなしのバリエーションを増やすことができます。

方法はとてもシンプルです。ジャケットの下に着用しているシャツをTシャツやニットに変えるだけです。たったこれだけで着こなしの幅は大きく広がります。

まずは、**ジャケットとTシャツの組み合わせです。**春先のジャケパンスタイルに適度にカジュアル感を加えることができます。特に休日のリラックス感のある着こなしが実現できます。

ここで合わせるTシャツは82ページで紹介したネイビーやグレー、ホワイトの無地Tシャツを使います。襟型は丸首がおすすめです。Vネックを合わせるとキザっぽく見えてしまうので、どうしても合わせたい場合は浅めのVネックを選んでみてください。

中でももっともおすすめなのが、ボーダーTシャツとの組み合わせです。単体だと少し子どもっぽく見えるボーダー柄も、上にジャケットを羽織ることで「きれい」と「カジュアル」のバランスが取りやすくなります。

また、プリントTシャツを合わせる方法もありますが、選び方次第でカジュアルに見えすぎてしまうので、大人の男性には少々難易度が高いです。もしプリントTシャツを合わせるのであれば、セレクトショップでシンプルな柄のものを選びましょう。

おすすめは、サタデーズサーフニューヨークのTシャツです。大人が着ても様になるシンプルなプリントが多いです。セレクトショップのビームスで取り扱いがありますので、ホワイトやネイビーベースのシンプルなものを選んでみてください。

次に、**ニットとの合わせ方です。**秋冬はニットを有効に活用すると着こなしに奥行きが出て、おしゃれに見えるようになります。

まず、揃えたいのが丸首のニットです。無地のシンプルなものを選びます。色はネイビーやグレーが基本ですが、白のニットも爽やかさを表現できるのでおすすめです。

生地はハイゲージと呼ばれる薄手のさらりとしたものが定番ですが、**少し肉厚のミドル**

ゲージのニットも程よくボリュームが出るので男らしく見えます。それぞれ1枚ずつ持っておくといいでしょう。セレクトショップだけではなく、ユニクロにも雰囲気のいいニットが揃っています。

丸首ニットは白のボタンダウンシャツやデニムシャツの上に重ねて着るとおしゃれに見えます。**シャツ×ニット×ジャケットという3つのアイテムの重ね着は、ぜひ積極的に試していただきたいコーディネートです。**

また、シャツを使わずに、ニット×ジャケットのコーディネートもおすすめです。シャツがない分、襟元がすっきり見えるのでシャープな印象になります。

ニットの下には84ページで紹介した「無地のTシャツ」を着ます。

このように王道のジャケパンスタイルに少し変化を加えるだけでも、カジュアル感のある着こなしができるようになります。休日着をきれいめに着こなしたい場合にはとても重宝しますので、ぜひ取り入れてみてください。

第5章

さらにおしゃれを磨くテクニック

時代に合わせて自分も変わり続ける

これまで4章にわたって大人の男性におけるファッションの基本をお伝えしてきました。これらの知識は、時代に左右されない基本的な考え方であり、これから先も通用する考え方です。今後、服を選ぶうえで大きな指針となるはずです。

では、基本さえ押さえていれば、他に意識すべきことはないかというとそうではありません。何度もお伝えしているように、ファッションというのは日々少しずつ変化するものです。基本の部分は変わりませんが、その時々でデザインの傾向やシルエットは変わり続けます。

時代に合わせて自分も変化しなければ、いつの間にか古臭いファッションに陥ってしまいます。

とはいっても、常にファッション雑誌を読み、お店を回り、ファッションにずっとアンテナを立て続けるというのは、あまり現実的ではありません。

それでは、どのように時代の流れを取り入れればいいのでしょうか。

答えは簡単です。**ファッションのプロの力を借りればいいのです。**

みなさんにとって、もっとも身近なファッションの専門家はショップの店員さんです。店員さんにアドバイスをもらうことで、今の時代に合ったファッションを気軽に取り入れることができます。時代に合わせてファッションをアップデートするということを意識してください。

また、人の印象というのはファッションだけで決まるものではありません。ヘアスタイルや立ち居振舞いも全体の印象に大きな影響を与えるものです。基本的なファッションの知識を得た後には、細部にも気を配りながら、全体としての印象力を高めることが大切です。

この章では、今後も80点ファッションを続けていくために心がけたい６つのテクニックについてまとめました。

technique 1

身近な「プロ」を活用する

コレをやってはいけない

① 店員さんに聞かずに買う
↓
細かなサイズ調整ができない

② ネットだけで買い物する
↓
実物がわからずリスクが高い

「ショップ店員さんと話をするのが苦手」という人は少なくありません。

たしかに、無理に服を売られないかと心配に思ったり、センスがないのに店員さんと話をするのは恥ずかしいという気持ちはわかります。

しかし、安心してください。**この本で学んだ基本的な知識があれば、おしゃれなお店に出入りしても恥ずかしい思いをすることはありません。**どこで何を買えばいいのかを理解したうえでお店を訪ねれば、何も難しいことはありません。あとは、「慣れ」の問題です。

店員さんはファッションのプロです。専門家として、わからないことはしっかりと教えてくれます。仮に試着をして断ったとしても、まったく問題ありません。

ただし、お店によって接客スタイルは大きく変わります。ユニクロのように積極的な声掛けをしないお店もあれば、どんどん声を掛けてくるタイプのお店もあります。

ですので、最初のうちは、どちらのタイプのお店でもなく、**程よい距離感で接客してくれるお店を選ぶようにしましょう。**理想的なのは、あまり積極的には声掛けをしないけれど、こちらから尋ねれば豊富な知識とセンスでしっかりとアドバイスしてくれるお店です。

ここまで繰り返し紹介してきたセレクトショップこそがまさに理想的です。ファッションが苦手なうちこそ、セレクトショップでしっかりとアドバイスをもらいながら、自分に合った衣服を買い揃えるというのもよい方法です。

店員さんに何を尋ねればいいのか

店員さんには積極的にアドバイスをもらいましょう。**まず確認してもらいたいのが「サイズ感」です。**服が身体にしっかりと合っているのかを、自分だけで判断せずに、プロの視点で見てもらってください。大きめのサイズを選んでしまっているかもしれませんし、逆にぴっちりしすぎているかもしれません。

サイズ感は客観的な視点がないと、なかなか自分では適正がわからないものです。

僕自身、店員さんからの客観的な視点はとても大切にしています。主観だけでなく、客観的な視点を取り入れることはファッションにおいてとても重要です。まずは服のサイズが身体に合っているかをしっかり確認してもらいましょう。

また、**シャツやジャケットの袖丈の長さや着丈のバランス、パンツの丈の長さなど、細かなバランス**も店員さんのアドバイスをもらうようにしてください。

男性のファッションは派手な演出をするよりも、細かなサイズ感の調整がとても重要です。セレクトショップの店員さんはこのあたりのことも丁寧に対応してくれるはずです。

目的を決めて自分から声を掛ける

店員さんにはこちらから具体的な質問を投げかけるようにしましょう。たとえば、「**休日にも着られるネイビーのジャケットを探しているのですが何かいいものはありますか？**」というようにです。ピンポイントで目的のアイテムを見つけてくれるでしょう。

質問をされて迷惑に思う店員さんはいません。むしろ、聞いてもらえることはとても嬉しいことです。こちらのほしいものが明確であればあるほど、店員さんは的確なアドバイスができます。店員さんを味方につけるとファッションは一気に上達します。

ネット通販をうまく活用する

おそらく、多くの人がネット通販での買い物を一度は経験したことがあるはずです。近くにお店がなかったり、なかなか忙しくて買い物に行く時間がなかったりと、手軽にお店に行くことができない人も少なくないはずです。それに、最近ではどのショップも通販での販売に力を入れていますので、サイトを眺めているだけでも非常に勉強になります。

特に、「おしゃれなお店に行くのは恥ずかしい」という場合には、**事前にどんな商品が並んでいるのかを通販サイトで確認しておくとスムーズです。**ある程度サイトで商品の目星をつけてから実店舗に行くと、戸惑うことなく買い物ができるはずです。

また、**ネット通販を利用するときは、実際に買い物したことのあるブランドに限定して購入するようにしましょう。**一度も買ったことのないショップの服を通販で購入するのはリスクが高いです。実際にそのブランドのサイズ感が少しでもわかっていたほうが、失敗は少なくなります。

technique 2

ヘアスタイルもファッションの一部

コレをやってはいけない

①流行をふんだんに取り入れる
∨
すぐに古くなる

②生えっぱなしの眉毛
∨
野暮ったく見える

ここまでお伝えしてきたように、第一印象は「上半身」で決まります。人の視点は上に集まるので、まずは上半身から磨いていくのがもっとも効率的です。

とりわけ目立つのは顔まわりです。顔立ちは簡単に変えることはできませんが、**「ヘアスタイル」であれば、今日からでもすぐに変えることができます。**

どんなにファッションに気を配っていても、ヘアスタイルがいまいちだと損をします。ここまで学んできたファッションの知識を台無しにしないためにも、ヘアスタイルにも力を入れましょう。

では、具体的にどのようなヘアスタイルにすればいいのでしょうか。

ヘアスタイルもファッションと同じようにゆるやかに流行が移り変わります。ただ、流行をふんだんに取り入れたヘアスタイルにしてしまうと、いつの間にかそのスタイルに古さを感じてしまいます。

目指すべきは、プライベートでもビジネスでも違和感のない清潔感のあるヘアスタイルです。そこにわずかに今の空気感が表現できれば十分です。

まずはネットでリサーチする

今どのようなヘアスタイルが主流になっているのかは、インターネットを活用して確認することができます。

「大人＋男性＋ヘアスタイル」と検索すると、たくさんのヘアスタイル例が出てきます。中でも**「ビューティーBOX」というサイトには「メンズ・ビジネス」というカテゴリーがあり、こちらで紹介されているヘアスタイルはどれも清潔感があって、すぐに取り入れやすいものが多いです。**

こちらの人気ランキング上位のヘアスタイルを参考にすれば、今の空気感にあったヘアスタイルを知ることができます。まずはこのようなサイトを見ながら、イメージを膨らませることが大切です。

自宅でのセット方法も聞く

次に、「どこで髪を切るのか」も大切です。1000円で髪を切れるお店も増えていますが、ヘアスタイルはファッションにおける重要な一部分なので、美容室に行くようにしましょう。

担当の美容師さんに、先ほどインターネットで見つけたヘアスタイルを見せるとスムーズです。あれこれ細かな注文はせず、思い切ってプロに任せましょう。

そして問題は、**新しいヘアスタイルを自宅で再現できるかどうか**です。美容師さんにセットの方法を詳しく聞くようにしてください。

また、できれば美容師さんが使ったヘアスタイル剤をその美容室で購入することをおすすめします。

手持ちのヘアスタイル剤ではなかなか同じようにセットができないものです。

1日5分のヘアセットを欠かさない

そして大切なのは日々の心がけです。出かける前には、しっかりとヘアスタイルをセットする習慣を身につけましょう。

シャワーで髪を濡《ぬ》らして寝グセをリセットし、ドライヤーで方向付けをして、ヘアスタイル剤で形を整えるという手順を踏んでください。

最初は面倒に感じるかもしれませんが、**シンプルなヘアセットであれば5分ほどで完成します**。日々の積み重ねで必ず上達しますので、まずは習慣をつけてください。

眉毛のムダを削る

美容室に行った際には、ヘアスタイルだけではなく、眉毛《まゆげ》も整えてもらいましょう。眉毛も印象を大きく左右する部分です。

生《は》えっぱなしの眉毛は野暮ったい印象を与えます。細くしたり、薄くするのではなく、ムダな部分を整えてもらうといいでしょう。「やりすぎ」はかえって印象を下げます。ムダを削るという感覚で眉毛のケアにも取り組んでみてください。

technique 3

予算を掛けずにおしゃれを楽しむ方法

コレをやってはいけない

①とりあえずユニクロ
↓
ユニクロこそ丁寧に選ぶ

②凝った眼鏡で個性を出す
↓
悪目立ちしてしまう

ファッションにこだわりを持つことは楽しいことですが、あまりにこだわりすぎると、それなりの予算が必要になるものです。「まずは手軽にファッションを楽しみたい！」という人も多いはずです。

ここでは、身近なお店を使いながら、なるべく予算を抑えてファッションを楽しむ方法について紹介します。

ユニクロでほとんどの服が揃う

まず、有効に活用したいのはユニクロです。ユニクロには大人のファッションと相性のいいベーシックな服がたくさん揃っています。ただし、**種類がとても多いため、それなりに考えて選ばないとおしゃれに見せることは難しいです**。そのテクニックについてお伝えします。

はじめに揃えたいのはジーンズです。ブルージーンズやホワイトジーンズはユニクロでよいものが揃います。形は「スリムフィット」がおすすめです。細身のシルエットですが、ピタピタにはならず、大人の男性が履いても違和感がありません。

そして、季節の変わり目に重宝する薄手のニットも積極的に取り入れたいアイテムです。ニットは丸首のネイビーやグレーを選ぶといいでしょう。また中肉厚の丸首ニットも重宝します。思い切って白を選ぶと、着こなしが爽やかにまとまります。

また、春夏に活躍するのが無地のTシャツです。スーピマコットンを使用した無地Tシャツはネイビー、グレー、ホワイトの3色を揃えておくと便利です。変化球でボーダーTシャツを取り入れてみるのもいいでしょう。

真冬に活躍するダウンジャケットもユニクロのものは優秀です。ただ、定番のウルトラライトダウンではなく、シャープなデザインに仕上がっているシームレスダウンパーカがおすすめです。色は黒やネイビーを選んでみてください。

このように、**カジュアル着の大部分がユニクロで揃ってしまいます。**まずはこちらで紹介したアイテムを中心にピンポイントで買い揃えてみてください。

ちなみにユニクロのサイト内にある「STYLING BOOK」は着こなしのいい参考になります。定期的に確認するといいでしょう。

セレクトショップ入門編はグリーンレーベル

次に活用したいのが、ユナイテッドアローズグリーンレーベルリラクシング（以下、グリーンレーベル）です。**セレクトショップの中でも比較的価格が抑えめなので、積極的に活用したいお店です。**

グリーンレーベルでは、ネイビージャケットやステンカラーコートなどアウターを中心に揃えましょう。シルエットも細身に仕上がっているので、スタイルがよく見えます。

小物類もグリーンレーベルで揃えることができます。ビジネスカジュアルから私服まで使えるレザーのトートバッグは1万2000円前後で買うことができます。ベルトもオーソドックスなレザーのメッシュベルトを揃えましょう。

靴はグリーンレーベルでも取り扱いのあるアディダスのスタンスミスがおすすめです。シンプルなスニーカーですが、レザーを使っているので大人っぽく清潔感のある着こなしが実現できます。

眼鏡はJINS

眼鏡はJINSがおすすめです。レンズ代込みの安心感のある価格帯が魅力です。

その中でも、**JINS CLASSICと呼ばれるシリーズは、デザインも洗練されていておすすめです**。また、JINSはファッションブランドとコラボレーションしたシリーズも展開しています。ファッションとの相性がいいので、積極的に取り入れてみましょう。特に、ボストンやウェリントン型の癖の強すぎない焦げ茶のセルフレームがおすすめです。

JINSの眼鏡

technique 4

上級アイテムをラクに取り入れる方法

コレをやってはいけない

① 苦手アイテムが多い
↓
おしゃれの幅が狭まる

② アクセサリーの重ねづけ
↓
キザっぽく見える

ファッションには、「ほんの少しの背伸び」が必要です。基本的な知識を身につけたら、これまであまりチャレンジしてこなかったアイテムも積極的に取り入れてみましょう。多くの人がハードルが高く感じる「帽子」や「アクセサリー」について説明していきます。

帽子の取り入れ方

ファッションアイテムの中で、もっとも苦手意識を持っている人が多いのが帽子です。僕もお客さんに帽子を提案することがありますが、なかなかスムーズに受け入れてもらえません。なぜなら、**多くの人は帽子をかぶった瞬間に、似合わないと決めつけてしまうからです**。おそらく、かぶる前から頭の中で似合わない姿を思い描いてしまうからでしょう。一度、頭で考えてしまうと、その瞬間から似合わなく感じてしまうものです。

帽子に対する苦手意識は「帽子姿に見慣れていない」ということが大きく影響しています。実は、帽子自体は似合いにくいものではなく、誰でも気軽に使えるアイテムです。

まずはどんどん試着をしてみてください。**帽子をかぶって3分も経てば、自ずと目が慣れてきます**。帽子を活用できると、シンプルなファッションにアクセントを加えることができます。大人のファッションにも相性がいいのでぜひ試してみてください。

帽子には様々な形がありますが、おすすめしたいのは2つです。

まずはシンプルなネイビーのニット帽です。ニット帽はカジュアルなアイテムなので、帽子特有のキザな雰囲気が出ません。白シャツにジーンズなどのシンプルなスタイルの際に用いると効果的です。

髪をかきあげて前髪が見えないようにしながらかぶります。**おでこが3〜4㎝ほど見えるとバランスがいいです**。横から見て耳の上部分が隠れるのが理想的です。

そしてもう一つがハットです。キザなイメージが強いため、敬遠している人も多いですが、ちょっとしたコツさえ掴めば難しくありません。黒やネイビーなどの濃い色で、なるべく装飾の少ないシンプルなものを選びます。

大切なのはツバの長さです。**ツバが長すぎるものは難易度が上がります。**４・５㎝前後のオーソドックスなものを選びましょう。

こちらも前髪をしっかりとかきあげてかぶります。前髪が見えないほうが大人っぽく、男らしくまとまります。あまり深くかぶらず、おでこを３㎝ほど覗かせるとキザな感じがしません。木梨憲武《きなしのりたけ》さんやおぎやはぎの矢作兼《やはぎけん》さんがとても上手に帽子を取り入れているので参考にしましょう。眼鏡とも相性がいいです。

サイズやバリエーションが豊富なCA4LAやoverrideなどの専門店を利用するといいでしょう。流行に大きく左右されない、オーソドックスな帽子を選んでみてください。

ハット（左）とニット帽（右）

左手に時計、右手にブレスレット

アクセサリーも多くの人にとってハードルの高いアイテムです。何個も重ねづけしているとキザに見えますが、2つ程度に抑えれば大丈夫です。特に夏場は身に着けている服が少ないので、アクセサリーで着こなしにアクセントを加えてみましょう。

まずは男性が唯一自然につけられるアクセサリーの時計です。普段はしないという人も、アクセサリーと考えて取り入れてみましょう。**左手に時計、右手にシンプルな紐ブレスレットを1つ着けてみるくらいならいやらしい感じがしません。**

時計は価格帯がとても広いですが、アクセサリーとして考えるならば、ダニエルウェリントンやTECHNEの時計がおすすめです。これらは3万円前後で買えます。シンプルなデザインですので、大人のファッションにも相性がいいです。

次にブレスレットですが、セレクトショップで服と合わせて購入してみてください。石や紐を使ったシンプルな一連のブレスレットであれば着こなしのアクセントになります。ZOZOTOWNで「メンズブレスレット」と検索すれば、効率よくいいものを見つけることができます。ブルーやブラウン系のシンプルなものがおすすめです。

ブレスレット（左）とダニエルウェリントンの時計（右）

technique 5

「専門ブランド」をうまく取り入れる

コレをやってはいけない

① 有名ブランドのロゴ入り
∨
かえって悪目立ちしてしまう

② 全身を安くコーディネート
∨
大人の上品さが出ない

シンプルなシャツには、3000円から3万円を超えるものまで、価格帯に大きな幅があります。パッと見では大した差はないように感じるかもしれません。

しかし、実際に着てみると、シルエットや着心地には明確な差があります。ファッションにあまり興味がないうちはその違いに気づかないかもしれませんが、様々な服に触れることで少しずつその違いに気づけるようになります。

大人のファッションは、派手な服で人との違いを明確にするよりも、このような小さな違いをコツコツと積み重ねて上品さを表現することが大切です。

ベーシックなアイテムこそ、少しずつでかまいませんので「名品」と呼ばれるものに実際に触れてみましょう。

ここでいう名品というものは、誰もが知る有名ブランドのアイテムではなく、こだわりを持って作り続けられている「専門ブランド」のアイテムです。こちらではそんな専門ブランドを紹介したいと思います。

上質なニット　ジョンスメドレーとザノーネ

肌触りのいい上質なニットを作り続けているのが、ジョンスメドレーです。

軽量で編み目の細かいニットは抜群の着心地です。デザインに一切のムダがなく、大人の男性にふさわしいシンプルさを兼ね備えています。シンプルなデザインなだけに素材そのものの風合いや上品な色合いがダイレクトに伝わります。薄手のニットといえばジョンスメドレーと覚えておきましょう。

一方で、少し肉厚なニットに定評があるのがザノーネです。中肉厚の丸首ニットやニットカーディガン、ニットジャケットなど、流行に左右されないシンプルでモダンなニットは、大人の男性にぴったりです。少しマットな色合いにも上品な雰囲気が漂います。

上質な大人向けTシャツ　スリードッツとサンスペル

大人には少々カジュアルな印象に映るTシャツこそ、素材の風合いやシルエットにはこだわりたいものです。大人にふさわしい上質なTシャツを作っているブランドとして挙げられるのがスリードッツやサンスペルです。

どちらも無地のTシャツを得意としています。**すっきりとしたシルエットや上質な生地の風合いには大人っぽさが感じられます。**上にジャケットやニットを羽織れば、それだけで十分に様になってしまうTシャツです。

足長に見えるボトムス　インコテックス

ボトムスを得意とするブランドが、インコテックスです。1951年にイタリアで創業した老舗のボトムス専門ブランドです。

インコテックスのボトムスは、**履いているだけで足が長く見える**という特徴があります。ジャケパンスタイルで活躍するグレーのスラックスからコットンスラックス、ジーンズまで取り揃えています。この違いを実感すると他のパンツには戻れなくなります。セレクトショップでも取り扱いがあるので、ぜひ試してみてください。

立体的な仕立てのジャケット　ラルディーニとリングヂャケット

大人の男性であれば1着は揃えておきたいカジュアルジャケットですが、おすすめはイタリアのジャケット専業ブランドであるラルディーニと、日本の老舗ブランドであるリングヂャケットです。これらの専業ブランドのジャケットは**ムダなゆとりがなく、身体に程よくフィットしながら動きやすさも兼ね備えています。**

安いジャケットはペタッとした平面的な仕上がりですが、これらのブランドのジャケットはふんわりと立体的に仕立てられています。カチッとしたジャケパンスタイルからカジュアルな場面まで使えるオーソドックスな1着を揃えてみてください。

王道の白シャツ　ギットマンブラザーズとインディビジュアライズド

白のボタンダウンシャツは、ギットマンブラザーズやインディビジュアライズドシャツがおすすめです。メイドインUSAにこだわり、オーダーメイドのような着心地を目指して作られています。

これらのシャツは、少し着古したほうがかえって雰囲気が出ます。ピシッとアイロンを掛けて着るのではなく、あえて自然なシワ感を楽しみながら着たいシャツです。**シンプルにロールアップしたジーンズと合わせるだけでも十分、様《さま》になります。**

他にも紹介したいブランドはたくさんあるので、左に表としてまとめておきます。

これらの優れた専門ブランドのアイテムを取り入れることで、着こなしに上品さが漂うようになります。

また、それぞれのアイテムのバックグラウンドを知ることで、丁寧に扱いたくもなりますし、着るときにも自然と自信が表れます。見た目の差以上に、これらのアイテムを着たときに得られる心地よさは、全体の雰囲気を大きく左右します。

ぜひ、大人の男性には「小さな違い」を積み重ねながら、ファッションを楽しんでいただきたいと思います。

アイテム別の専門ブランド早見表

スーツ／ジャケット	ラルディーニ、リングヂャケット
ビジネス用シャツ	バルバ、ギローバー
ネクタイ	フランコバッシ、ステファノビジ、ドレイクス
ビジネスシューズ	クロケット&ジョーンズ、チーニー、三陽山長
チェスターコート	ラルディーニ、ハリスワーフロンドン
ポロシャツ	ギローバー、クルチアーニ
ジーンズ	レッドカード、エージー
パーカー	ループウィラー、ジェームスパース
Tシャツ	スリードッツ、サンスペル、サタデーズサーフニューヨーク
ダウンジャケット	タトラス、デュベティカ、ヘルノ
ボーダーカットソー	オーシバル、セントジェームス
ステンカラーコート	マッキントッシュ、マッキントッシュ フィロソフィー
スニーカー	アディダス、ニューバランス
眼鏡	オリバーピープルズ、フォーナインズ

technique 6

メンテナンスして清潔に長く使う

コレをやってはいけない

①同じものを使い続ける
↓
傷みやすく、長く使えない

②メンテナンスを一切しない
↓
くたびれた印象で清潔に見えない

せっかく背伸びして買った服も、定期的にメンテナンスをしなければいい状態は保てません。「ファッションは清潔感が大切」と言いますが、よれよれの服では着ていても清潔には見えないものです。服のメンテナンスにも最低限の知識を持っておきましょう。

スーツとジャケットはブラッシングで日々のケア

スーツやジャケットは頻繁にクリーニングに出すのではなく、**1シーズンに1~2度クリーニングに出す程度**に抑えておきましょう。クリーニングの頻度が多すぎると生地が傷み、風合いを損ねます。頻繁にクリーニングに出すよりも日々のメンテナンスを心がけてください。

スーツやジャケットは**3回に一度の頻度でブラッシングをします**。全体にブラシを掛けて繊維の間に詰まったゴミやホコリを落とします。

また、スーツのシワはアイロンスチーマーで蒸気を当てると解消できます。あるいは湯気が充満した浴室にしばらく掛けておく方法もあります。

スーツのにおいにも注意が必要です。頻繁にクリーニングに出せない分、プラウドメンのスーツリフレッシャーを使うとほのかに清潔感のある香りが漂います。

このような一手間をかけることで、スーツをよい状態に保つことができます。

洋服ブラシとプラウドメンの
スーツリフレッシャー

カジュアル用のシャツなら2~3回に一度

シャツはビジネス用とカジュアル用で扱い方が異なります。スーツ用のシャツは清潔感がもっとも重要なので、**季節を問わず「一度着たら洗濯する」が基本です**。アイロンもしっかりとかけて清潔感を意識しましょう。

一方で、カジュアル用のシャツは、そこまで厳密に取り扱う必要はありません。汗をかく夏場は毎回洗濯すべきですが、春先や秋から冬にかけてなら下にインナーを着れば、洗濯は2〜3回に一度でかまいません。アイロンがけもきっちりする必要はありません。程よくシワがあったほうがカジュアルシャツはこなれて見えます。

また、**洗濯後に叩いて干すようにすると、シワはそんなに目立ちません。**

どうしてもシワが気になるときには、特に目立つ襟部分や前身頃を中心に軽くアイロン掛けしましょう。カジュアルシャツまできっちりアイロン掛けをしなくてはいけないと思うと、どうしても着るのが億劫《おっくう》になります。もっとラフに考えてシャツを楽しんでください。

ニットは3〜4回に一度

ニットは直接肌に触れるものではないので、洗濯頻度は3〜4回に一度くらいで問題ありません。

また、スーツと同様に、ときどきブラッシングをしましょう。**ブラッシングで繊維の流れを整えることで、毛玉を予防することができます。**

しわしわのニットは見栄えが悪いので、シワがついたらスチームアイロンを使います。ニットから1cmほど離して蒸気を当てます。

手でとんとんと叩くとシワが伸びます。熱がある状態だとまたシワがつくので、うちわで扇いで風を通してから収納しましょう。

ボトムスは3～4回に一度。ジーンズも洗うこと

洗濯頻度で悩むのはボトムスです。直接肌に触れるので、毎回洗濯しているという人も少なくありません。

しかし、洗濯をしすぎると風合いが損なわれてしまいます。汗をどれだけかいたかにもよりますが、**目安としては3～4回履いたら1度洗濯する程度で十分です。**

中でもブルージーンズは、色落ちを気にしてほとんど洗濯をしないという人もいますが、清潔感ということを考えるとあまり好ましくありません。少なくとも4～5回履いたら一度は洗濯するようにしましょう。色落ちがどうしても気になる場合は、ジーンズ用の洗剤もありますのでそちらを使うといいでしょう。

一方で、ホワイトジーンズは汚れが気になるので、積極的に履きにくいということをよ

く聞きます。

ですが、ブルージーンズに比べると色落ちの心配がないので、気兼ねなく洗濯することができます。こちらは2～3回に一度のペースで洗濯するといいでしょう。

革靴は月に一度

靴にも定期的なメンテナンスが必要です。

理想的なのは、1回履いたら2日休ませるペースです。そのため、ビジネス用の革靴は3～4足揃えておくといいでしょう。

ビジネス用の表革の靴は、少なくても月に一度は手入れをしてください。

まずはブラシを使い、全体の汚れを軽く落とします。その後、汚れ落とし用のクリームを布につけてまんべんなく拭き取ります。

続いて靴と同色の乳化性クリームを塗りこみます。靴に適度な栄養と水分を加えることが目的です。

最後に防水スプレーを全体に振れば完成です。慣れれば10分程度でお手入れができるはずです。**月に一度の習慣にしてください**。一方、スエード靴は基本的にブラッシングと防水スプレーだけで十分です。実はスエード靴のほうが表革より手入れは簡単です。

3回履いたら一度は軽くブラッシングをしてゴミやホコリを落とし、全体の毛並みを整えてください。目立つ汚れがついた場合は、スエード用の消しゴムを使うといいでしょう。色が褪せてきたら、コロニルの補色リキッドを使うと風合いが戻ります。

シューケア用品

レザーを使ったスニーカーであれば、ジェイソンマークのシューケア用品を揃えておくと便利です。スエードや革の部分でも気兼ねせずに使えるので重宝します。ついた汚れをしっかりと落としてくれます。

アイテムのメンテナンスは、あまりこだわりすぎる必要はなく、日々の小さな積み重ねが大切です。せっかく買ったアイテムなので、丁寧に扱うようにしましょう。ちょっとした一手間を掛けることで、長く使えたほうがコスト的にもお得です。

自信と姿勢で人は生まれ変わる

同じような格好をしているのに、おしゃれに見える人とそうじゃない人がいます。たとえば白のボタンダウンシャツにブルージーンズというスタイル。シンプルなスタイルなだけに、ちょっとしたことで見え方に大きな差が生まれます。その違いとはいったい何なのでしょうか。

街を歩いていると、**これといってスタイルがいいわけでもないし、顔がいいわけでもないのに、なぜか素敵に見える人がいます。**それは、「自信を持った振舞い」が大きな影響を与えています。実際に、ファッションがふつうでも、堂々と自信を持っている人には、不思議な魅力が漂います。

また、奇抜な格好をしても、なぜかそれが似合ってしまう人もいます。それも、自信を持って堂々と振舞っているからこそ、魅力的に感じてしまうのです。

つまり、「自信」こそが全体の雰囲気を大きく左右する最後の要素なのです。

ここまで紹介してきたメソッドでせっかくファッションやヘアスタイルが整っても、自信がなさそうに見えてしまったら元も子もありません。

シンプルなファッションを、今の何倍にも素敵に見せる方法は、あなたが「自信を持って堂々と振舞うこと」なのです。


まず、街で歩いていて「素敵だな」と感じる人は、**背筋がすっと伸びていて堂々としています**。ファッションのプロであるショップの店員さんも、おしゃれなのはもちろんのこと、立ち居振舞いからもおしゃれな雰囲気が漂っています。

自信を持つという精神面の話は、もしかしたら今すぐは難しいかもしれませんが、「姿勢」であれば今すぐに変えることができます。ファッションが変わり、姿勢が変わり、周囲から褒められる機会が増えれば、自信は必ず後からついてくるものです。

自信があるように見せるための歩き方には、ちょっとしたコツがあります。**少しアゴを引いて、頭を固定して歩くことを意識してみてください**。周囲をキョロキョロ見ながら歩いている人がとても多いですが、それでは自信がないように見えてしまいます。頭を固定して歩くイメージを常に持ってください。

アゴは少し引き気味くらいを意識します。アゴが上がってしまうと、どうしても間が抜けた印象になります。アゴを引いて視線を定める。それだけでも十分に堂々とした印象を与えることができます。

また、**歩幅は少し大股のほうが男らしく見えます**。胸を張るイメージで、大股気味に歩くと自信があるように見えます。たったこれだけの心掛けで、特にスーツ姿だと様になるので、ぜひ試してみてください。

こうした歩き方の習慣が定着するまでには、ある程度の時間がかかります。最初は常に意識することが大切です。3週間もすれば新しい歩き方が定着してくるはずです。

堂々とした歩き方は、ファッションを素敵に見せてくれるだけではなく、ビジネスの場面での信頼感を高めることにもつながります。心の中では自信がなかったとしても、周囲の見方は変わります。まずはそれだけでも十分です。

新しい服に着替えて、堂々と歩くようになれば、周囲から「変わったね！」と褒められる機会が必ず増えます。

半年もあれば別人のように全体の雰囲気が変わっていることでしょう。

ぜひ、この機会に外見も内面も生まれ変わってみましょう。

第6章

最強の定番アイテム&コーディネート

これで迷わない！最強の定番アイテム

「コーディネートにはセンスが必要」とよく言われますが、これには誤解があります。

アイテム選びの段階で失敗してしまうと、どんなにセンスがよくてもコーディネートはうまくまとまらないからです。

もし、日々のコーディネートに迷うのであれば、ひょっとしたら「コーディネートしにくい服ばかりを持っていること」が大きな原因かもしれません。

ただ、どんなにおしゃれが苦手な人でも、失敗しない定番アイテムしか持っていなければ、コーディネートで大きく失敗することはありません。

本書ではコーディネートのテクニックを学ぶことよりも、どう合わせても失敗しないアイテム選びの方法についてお伝えしてきました。

この章では、失敗しない最強の定番アイテムを具体的に紹介したいと思います。

アイテム　01

カジュアルボトムス

ネイビーの
コットンパンツ

グレーの
コットンパンツ

ブルージーンズ

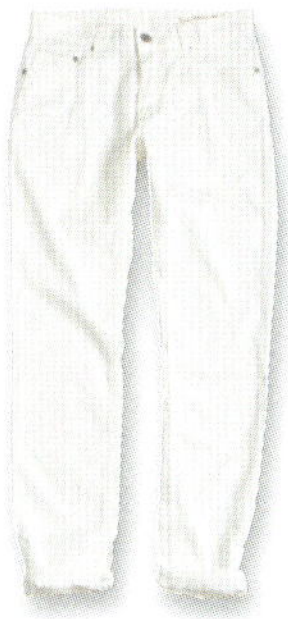

ホワイトジーンズ

ボトムスは、膝から裾に向かって細くなっていく「テーパード型」だと脚がきれいに見えます。特にカジュアル感の強いブルージーンズは、余分なゆとりを省けば大人っぽく着こなせます。コーディネートに明るさを足せるホワイトジーンズや、ジャケパンスタイルやクールビズに活用できるコットンパンツ（グレー、ネイビー）で、コーディネートを充実させましょう。

カジュアルシャツ

ギンガムチェックシャツ　デニムシャツ　白のボタンダウンシャツ

シャツはカジュアル度の異なる3枚を揃えます。きれいめに見える白シャツは、ズボンの外に出してカジュアルに合わせます。着丈の長さは骨盤と股の中間位置を目安に選びましょう。着こなしにカジュアル感を加えたいときにはデニムシャツを、アクセントを加えたいときにはギンガムチェックシャツを選びます。3年は使うつもりで丁寧に揃えましょう。

アイテム 03

スニーカー

白のレザースニーカー
（アディダス・スタンスミス）

ネイビーのスエードスニーカー
（ニューバランス・M1400）

スニーカーは大人にふさわしいシンプルなデザインのものを選びましょう。スエードを使ったネイビーのニューバランスM1400や清潔感の漂う白レザーのスタンスミスは、大人のファッションに相性抜群です。全身のバランスを見て、きれいめにまとまりすぎているときにこそスニーカーが活躍します。ジャケットやコートにも積極的に合わせてみてください。

厚手のニット

ネイビーのショールカラーカーディガン

ネイビーのニットジャケット

襟のついた厚手のニットはジャケットの代わりに重宝するアイテムです。シャツやTシャツの上に羽織るだけでリラックス感のある大人っぽいスタイルが完成します。色は全体を引き締めるためにネイビーやグレーを選びます。軽く腕をたくし上げて二の腕を見せれば、男らしい雰囲気が漂います。

アイテム　05

薄手のニット

ネイビーの丸首ニット

中肉厚の白の丸首ニット

ネイビーのカーディガン

ニットは数枚揃えておきたいアイテムです。厚みによってバリエーションを揃えておくと便利です。薄手のニットは重ね着の際に重宝します。Tシャツやシャツの上に重ねて、さらにジャケットを羽織ると奥行きのある着こなしが実現できます。定番のネイビーやグレーだけではなく、爽やかな白も用意しておくと便利です。

アイテム 06

コート

チェスターコート
（ハリスワーフロンドン）

ステンカラーコート
（マッキントッシュ フィロソフィー）

オン・オフ兼用できる2種類のコートは、しっかり投資して揃えることが大切です。着丈の長さに注意して選んでください。ひざ上10〜12cmほどの着丈を選べば、大人っぽく着こなすことができます。どちらもきれいめのコートなので私服で用いる際にはジーンズやスニーカーなどのカジュアル度の高いアイテムと合わせるとバランスが取れます。

アイテム 07

ダウンジャケット

ダウンジャケット
（エディフィス）

冬場に活躍するダウン。カジュアル度が高く、着膨れしやすいダウンは選び方次第で全体の印象を大きく左右します。色は黒、紺、グレーなどの濃いめを選び、引き締まった印象を与えましょう。素材は光沢感のあるものではなく、マットな質感のナイロンやウール素材を選ぶと大人っぽくまとまります。

ビジネスシャツ

ストライプのシャツ

淡いブルーのシャツ

白のシャツ

ビジネスシャツはシンプルに、白・淡いブルー・ストライプの3種類を揃えれば十分です。襟の形は時代に左右されないセミワイドを選ぶと素敵に見えます。装飾のあるシャツをつい選んでしまいがちですが、徹底的にシンプルなものを選びましょう。胸ポケットがないものを選ぶと、よりシャープな雰囲気に着こなせます。

アイテム 09

ネクタイ

無地のネクタイ　小紋柄のネクタイ　ストライプ柄のネクタイ

ネクタイは使い勝手のいい5本を揃えます。ネイビーやグレー、ブラウンを基調としたシンプルなものを揃えましょう。まずは後回しにされがちな無地のネクタイから揃えます。ストライプのシャツには無地のネクタイがよく合います。定番のストライプ柄は3色以内で構成された大きめの柄のものを選ぶのがコツです。量よりも質を重視して揃えましょう。

ビジネスシューズ

セミブローグの革靴
（トレーディングポスト）

ストレートチップの革靴
（トレーディングポスト）

ビジネスシューズは基本となる黒と焦げ茶のストレートチップ、セミブローグを揃えれば十分です。先が尖っていたり、不自然な光沢感のあるものは避け、3年以上は履ける上質な靴を選ぶことが大切です。足に合った靴を選ぶためにも、百貨店の靴売り場や靴専門店で購入しましょう。定期的な手入れと修理をしながら、長く使うことをおすすめします。

アイテム 11

ビジネスバッグ

ナイロンバッグ
（フェリージ）

レザーバッグ
（ペッレ モルビダ）

ビジネスバッグは用途に合ったものから選びます。重厚感と高級感を目指すのであればレザーバッグ、使い勝手のよさとデザイン性を兼ね備えたバッグであればナイロン×レザーのバッグを選びましょう。他にも、耐久性と機能性を優先するのであればバリスティックナイロン製のバッグもおすすめです。

ジャケット

ネイビーの無地ジャケット

オン・オフ兼用できるネイビージャケットは、大人の男性のマストアイテムです。黒に近いネイビーではなく、若干青みが感じられるくらいが重宝します。肩パットや芯地はなるべく省いたものを選ぶといいでしょう。着丈や袖丈の長さなど、細部にもしっかりと気を配りながら体型に合った1着を揃えてみてください。

アイテム 13

スラックス

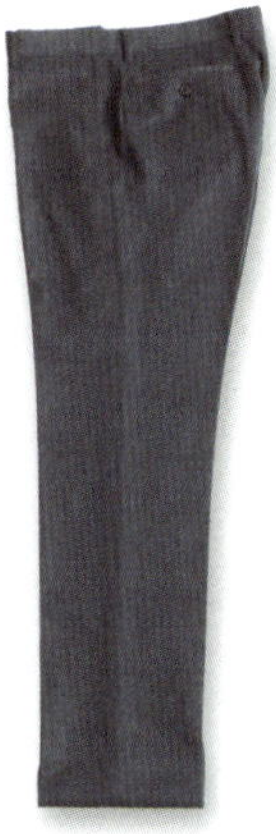
チャコールグレー

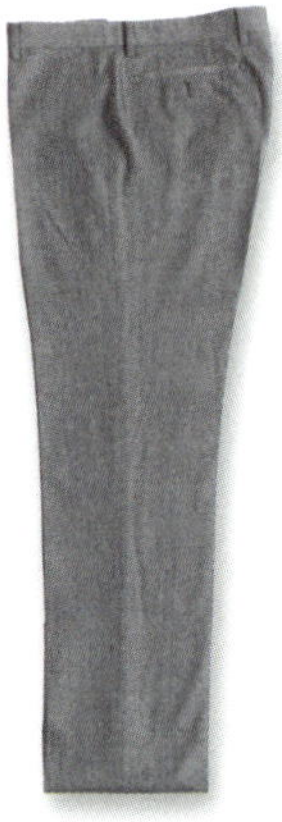
ミディアムグレー

ライトグレー

ジャケパンスタイルを支えるグレースラックスは、季節に合わせて色味を変えて揃えておくといいでしょう。素材は、春夏はトロピカルウール、秋冬はサキソニーを選びます。すでに手持ちのものがあっても、近年のスラックスは膝から下が細身にできているため、スタイルがよく見えます。この機会にぜひ新調してみてください。

Tシャツ

ネイビーのTシャツ
（サタデーズサーフニューヨーク）

白のTシャツ
（サタデーズサーフニューヨーク）

ボーダーTシャツ

基本となる無地Tシャツを揃えたら、シンプルな柄物にもチャレンジしましょう。重ね着の際に着こなしに程よくアクセントが加わります。シンプルなボーダー柄は細かめのピッチを選ぶとバランスが整います。また、グラフィックTシャツは大人に似合うシンプルな柄を揃えているサタデーズサーフニューヨークがおすすめです。

アイテム 15

眼鏡

メタルフレームの眼鏡
（フォーナインズ）

セルフレームの眼鏡
（オリバーピープルズ）

眼鏡は個性を重視して選ぶのではなく、全体のファッションとのバランスを考えながら、目立ち過ぎないものを選びましょう。色は肌なじみがいい濃いめのブラウンがおすすめです。セルフレームを選べば親しみやすい印象に、メタルフレームを選べばビジネスで信頼感を高めることができます。形は合わせやすいウェリントンやスクエアがおすすめです。

最強の定番コーディネート

大人の休日着は、どこかにきれいめに見える要素を取り入れることが大切です。ジーンズにTシャツのようなカジュアルな装いも、たった1枚のニットを加えることで大人っぽく見えるようになります。基本となるアイテムが揃ったら、あまり難しく考えずにコーディネートの中にきれいめの要素を1つ以上入れることを意識してみてください。

スーツスタイルは、「スーツ」「シャツ」「ネクタイ」の3つのアイテムの中で、無地と柄が1：2、あるいは2：1のバランスになるようにコーディネートしてみてください。すべてが柄物だと着こなしがごちゃごちゃしますし、すべてが無地だと地味すぎてしまいます。

ジャケパンスタイルは、シーンに応じて合わせるアイテムを変えていきます。アイテム選びさえ間違わなければ、どんな組み合わせでも大きな失敗はしません。写真を参考に、鏡の前で様々な着こなしを試してください。

シーン 1 春

カジュアルな装いにジャケットのきれいさをプラス!

ニットジャケット

×

ボーダーTシャツ

×

ホワイトジーンズ

×

スエードスニーカー

ネイビーとホワイトを基調とした春らしい爽やかなコーディネート。ボーダーTシャツにホワイトジーンズというカジュアルな装いに、ニットジャケットを加えることで大人っぽい雰囲気をプラスします。ホワイトジーンズの裾は軽くロールアップをして、あまりキザな雰囲気にならないようにバランスを取ります。ボトムスをブルージーンズに変えても素敵です。

シーン 2 **春**

定番スタイルに小物を添えて適度に着崩す

白ボタンダウンシャツ

×

ブルージーンズ

×

スエードスニーカー

×

ニット帽＆眼鏡

白シャツにブルージーンズという着こなしは、いつの時代も変わらない定番的なスタイルです。オーソドックスなだけに、シャツの腕まくりやジーンズのロールアップを取り入れながら、適度に着崩すとおしゃれに見えます。ベースがシンプルなので、ニット帽や眼鏡などの小物を足してもやりすぎに見えません。足元にはスエードのスニーカーを合わせて軽快に着こなしましょう。

夏

ボーダーをのぞかせてカジュアル感を加える！

紺リネンシャツ
×
ホワイトジーンズ
×
ボーダーTシャツ
×
スリッポンスニーカー

清潔感を感じさせる紺のリネンシャツは、大人の男性にぴったりのアイテムです。ホワイトジーンズを合わせて、爽やかな装いに仕上げましょう。キザになりすぎないようにシャツ下にはボーダーTシャツを合わせ、適度なカジュアル感を加えています。足元にはトレンドのスリッポンスニーカーを合わせて今の雰囲気を楽しむのもおすすめです。

シーン 4 夏

小物を取り入れて シンプルさに 彩りを加える

白のリネンシャツ

×

ブルージーンズ

×

サンダル

×

帽子&アクセサリー

爽やかな白のリネンシャツにブルージーンズを合わせました。夏は着用するアイテムの数が少なく、シンプルになりがちなため、小物を有効に使います。左手には時計、右手にはアクセサリーを添えて、着こなしが退屈に見えないようにバランスを取ります。ネイビーのストローハットをかぶれば、季節感のある着こなしが完成します。

シーン 5 秋

ざっくりニットはラフに羽織ってカジュアル感を！

紺のローゲージニット

×

デニムシャツ

×

グレーのコットンパンツ

×

ブラウンのスエード靴

秋らしいざっくりと編み込んだニットカーディガンにカジュアル感のあるデニムシャツを合わせます。カーディガンのボタンはすべて留めるのではなく、一番上と一番下を開けて、ほんのりカジュアル感を出しましょう。靴とベルトはブラウンで色を揃えることで、統一感のある秋らしい雰囲気が表現できます。

シーン 6 **秋**

オフでのコートは 襟を立ててニットで 奥行きを！

ステンカラーコート

×

ギンガムチェックのシャツ&
ネイビーの丸首ニット

×

ブルージーンズ

×

レザースニーカー

ビジネスシーンで活躍するステンカラーコートは軽く後ろ襟を立てて、ブルージーンズと合わせることでカジュアル感を出します。コートの下には、ギンガムチェックシャツとネイビーの丸首ニットを重ねることで奥行きを出しています。秋冬のコーディネートはつい色合わせが暗くなりがちなので、白のスタンスミスで明るさを加えましょう。

シーン 7 冬

ダウンのカジュアルさにきれいめ要素で大人っぽく!

ダウンジャケット

×

グレーの丸首ニット

×

ホワイトジーンズ

×

ブラウンのスエード靴

カジュアル度の高いダウンジャケットは合わせるアイテムをきれいめにまとめることでバランスを整えます。ダウンの下にはニットを合わせて、きれいめな要素を足しましょう。ボトムスにはホワイトジーンズを合わせることで、爽やかな着こなしが完成します。足元もスニーカーではなく、スエード靴を合わせることで大人っぽい雰囲気が出せます。

シーン 8　冬

コートのきれいさを デニムやスニーカーで カジュアルダウン

チェスターコート＆マフラー

×

白の丸首ニット

×

ブルージーンズ

×

スエードスニーカー

オン・オフ兼用できるチェスターコートは、カジュアルなアイテムを合わせて、私服っぽく見せるとバランスが整います。ブルージーンズやスニーカーを合わせれば程よくカジュアルダウンができます。首元の空いたスペースにはベージュやブラウン系の季節感のある色彩のマフラーを差し込み、ボリュームを加えると素敵に見えます。

シーン 9 # スーツ

無地をベースに
ストライプシャツで
動きを出す!

紺の無地スーツ

×

ストライプシャツ

×

無地のネクタイ

×

ブラウンの革靴&ベルト

スーツ・ネクタイ・シャツの中で、柄物を1、2点使うと全体のバランスが取れます。すべて無地だと退屈に見えますし、すべて柄物だとやりすぎ感が漂います。紺の無地スーツには、ストライプのシャツを合わせて動きを出しましょう。ネクタイは織りの入った無地のブラウンを合わせて上品に。小物をブラウンで統一することで、柔らかい印象を与えることができます。

シーン 10
スーツ

ストライプスーツは白シャツできれいにまとめる

グレーのストライプスーツ

×

白のシャツ

×

ストライプのネクタイ

×

黒の革靴&ベルト

着こなしのアクセントとなるストライプスーツは、柄の主張が強すぎないものを選びます。シャツはもっともオーソドックスな白シャツを合わせ、ストライプの印象を中和します。ネクタイはネイビーとグレーで構成されたシンプルなレジメンタルストライプを合わせました。スーツと同じストライプでも、柄の幅を変えればうるさい印象を与えません。

シーン 11 ジャケパン

ニットタイでリラックスした雰囲気をプラス!

紺のジャケット&
グレーのスラックス

×

ストライプのシャツ

×

ブラウンのニットタイ

×

ブラウンの革靴&ベルト

ネイビーのジャケットにグレーのスラックスを合わせれば、スーツスタイルに次ぐ堅さのあるジャケパンスタイルが完成します。通常のネクタイではなく、ニットタイを用いることでスーツスタイルよりもリラックスした雰囲気に仕上げます。小物はブラウン系でまとめて、程よくカジュアル感を漂わせましょう。

シーン 12

ジャケパン

ノーネクタイには柄物シャツでカジュアルさを！

紺のジャケット

×

ギンガムチェックシャツ

×

グレーのコットンパンツ

×

ブラウンのスエード靴＆ベルト

ノーネクタイのジャケパンスタイルです。白の無地シャツを合わせると「ネクタイを取っただけ」の物足りなさを感じてしまうので、シャツは柄ものを合わせるといいでしょう。ギンガムチェックの他に、ストライプシャツでもバランスが取れます。合わせるボトムスはウールではなく、コットンを用いると適度にカジュアル感が漂います。

Tシャツ&ジーンズでもジャケット1枚できれいめに!

紺のジャケット

×

グラフィックTシャツ

×

ブルージーンズ

×

レザースニーカー

紺ジャケットにジーンズという春先に活躍する定番コーディネートです。Tシャツにジーンズ、スニーカーだと大人の男性には少しカジュアルすぎますが、そこにジャケットを羽織ることで、きれいめな印象を高めました。レザーのトートバッグも大人っぽさをより引き立ててくれます。足元は白スニーカーで軽快さを加えましょう。

シーン 14 応用

基本のスタイルにニットを合わせてカジュアルダウン

紺のジャケット

×

白の丸首ニット

×

グレーのコットンパンツ

×

ブラウンのスエード靴

紺ジャケットに白の中肉厚の丸首ニットを合わせた秋口に活躍する着こなしです。基本となる紺とグレーのジャケパンスタイルはキープしつつ、中に白ニットを合わせれば程よくカジュアルダウンができます。ニットの下には無地のTシャツを合わせてもいいですし、シャツを重ね着しても奥行きが出て素敵に見えます。

シーン 15

クールビズ

上下をブルー系でまとめて清潔感とこなれ感を!

淡いブルーの半袖シャツ

×

ネイビーのコットンスラックス

×

ブラウンの革靴&ベルト

半袖シャツを用いたクールビズスタイル。半袖シャツは腕周りや身幅が身体にフィットしたものを選ぶとスマートに見えます。シャツは白ではなくブルーを選ぶことで清潔感とこなれ感を出すことができます。ボトムスはスーツの組下パンツではなく、ネイビーのコットンスラックスを選び、軽快さを出します。小物も茶系でまとまると程よくカジュアル感が漂います。

シーン 16

クールビズ

ポロシャツはネイビーを選んで脱・おじさん!

紺のポロシャツ

×

ライトベージュのコットンパンツ

×

ブラウンの革靴&ベルト

ポロシャツを使ったクールビズスタイルです。ついおじさんっぽく見えてしまうポロシャツは、シャープに見えるネイビーを選びます。ボトムスは上半身とのコントラストを高めるために、ベージュを選択。ポロシャツはインして着るとおじさんっぽく見えてしまうので、外に出して着ます。丈が長すぎないかをよく確認して選んでみてください。

おわりに

僕のお客さんの中には、奥さんに無理矢理に連れてこられた、「ファッションに興味のない旦那さん」が時々います。

買い物が苦手で、ファッションにまるで関心のない（ように見える）男性です。本音を言うと、決して仕事がしやすいお客さんではありません。

最初は面倒くさそうな雰囲気がビシビシと伝わってくるのですが、実際にいろいろなお店をまわり、ご本人に似合う服を着ていただくと、少しずつ表情が変わりはじめます。

「こういう服が似合うんだ」
「自分にはこういう一面があるんだ」

そのような体験を重ねることで、少しずつファッションに興味を持ちはじめるようになります。最後には楽しそうな表情で帰っていきます。

このように、あまりファッションに興味がないように見える人でも、心のどこかには「素敵な服を着てみたい」とか「おしゃれになってみたい」という欲求があるということを日々実感します。

しかし、おしゃれになるための方法がわからないし、ファッションを諦めてしまっているからこそ、まったく関心のないように思い込んでしまっているのかもしれません。

僕がファッションを楽しんでもらいたいのは、まさにそのような人たちです。ファッションにあまり興味が持てなかった人にこそ、もっと日々の装いを楽しんでもらいたいと思っています。

ファッションが大好きな人が楽しむための素晴らしい雑誌やコンテンツは既にたくさん溢れています。

その一方で、ファッションにハードルの高さを感じている方が、入門編として読めるようなものは圧倒的に少ないです。

この本には、流行をふんだんに取り入れたような華やかさはありませんが、これからファッションを楽しむためのベースとなるような考え方がたくさん散りばめられています。

みなさんの心の奥にある「いつかおしゃれを楽しんでみたい」という思いを少しでも引き出すことができたとしたら、まさに著者冥利に尽きると思っています。


当然のことですが、ファッションという「外側」よりも、なにより大切なのは「中身」です。それは僕自身、日々実感しています。ところが実際のところは、外側の情報に大きく左右されてしまう私たちがいます。

「ファッションがいまいち」というだけで、だらしなく見えたり、あまり信頼できなそうに思えたり、外側の情報に惑わされてしまうものです。

実際、僕のお客さんにも、ファッションという外側が変わっただけで、仕事で評価されるようになったり、友人からの扱いが大きく変わったという人も少なくありません。中には家庭内での扱いが変わる人もいます。

それだけ外側の情報に私たちは大きく左右されるものなのです。

ファッションで損をしたり、見た目で誤解される人が少しでも減るといいな、と僕は思っています。

おしゃれ上級者にならなくてもいいんです。必要最低限のファッションを実現するだけで十分、日々の生活は変わります。


まずは、この本でお伝えした内容をアレンジを加えずに実際に試してみてください。退屈なくらいにベーシックでもかまいません。基本さえ整っていれば、その後にいくらでもご自身の個性を加えることはできるはずです。

ファッションが変わりはじめると、きっと多くの人に褒められる機会が増えると思います。最初は気恥ずかしいかもしれませんが、どんどん新しいファッションを楽しんでみてください。

そしてみなさんの心の内側に少しずつ「自信」が芽生えてくれたら嬉しい限りです。ファッションが変わり、自信を持って振る舞えるようになると、ますます周囲からの印象はいい方向へと変わり続けるはずです。

ファッションという外側の変化が、少しずつ内面まで変えていく経験を、ぜひみなさんにも実感していただきたいです。

毎日着る服が変わると、日々の生活はきっと豊かになるはずです。
ファッションを楽しんで、人生を味わい尽くしてください！
最後まで読んでいただきまして、本当にありがとうございました。

2016年10月　大山 旬

掲載協力ブランド［問い合わせリスト］

ウエニ貿易　03-5815-5720　(P129、219)

オリバーピープルズ 東京ギャラリー　03-5766-7426　(P223)

カミチャニスタ　0120-223-447　(P70、116、153、166、216)

クラークス オリジナルズ(クラークスジャパン)　03-4510-2009　(P94)

ジンズ　0120-588-418　(P187)

タイステーション　03-3483-1665　(P122、153、217)

ダニエル・ウェリントン 原宿　03-3409-0306　(P191)

トレーディングポスト 青山本店　03-5474-8725　(P125、126、163、218)

フェリージ 青山店　03-3498-6912　(P130、219)

フォーナインズ　03-5727-4900　(P223)

プルーム　03-3848-5623　(P99)

マッキントッシュ フィロソフィー(SANYO SHOKAI)　0120-340-460　(P88、214)

ユナイテッドアローズ　0120-011-031　(P98)

ユニバーサルランゲージ 渋谷店　03-3406-1515　(P221)

ring Tokyo　03-3497-5577　(P79、111、147、213、220)

ブックデザイン　小口翔平＋喜來詩織（tobufune）
撮影　原 幹和
イラスト　伊藤美樹
編集　種岡 健（大和書房）

大山 旬 おおやま・しゅん

パーソナルスタイリスト。
アパレル勤務、転職アドバイザーを経て独立。これまで著名人を含む3,000名以上のスタイリングを担当。特に、経営者・専門家に向けたスタイリングアドバイス、およびビジネスにおけるキャリアアップを目的としたスタイリングを得意とする。「自信を高めるためのファッション」をモットーにファッションの悩みの解決に取り組んでいる。
主な著書に、『できれば服にお金と時間を使いたくないひとのための 一生使える服選びの法則』(ダイヤモンド社)があるほか、「おはよう日本」(NHK)、「はなまるマーケット」(TBS)、「読売新聞」、「AERA」(朝日新聞出版)など、メディアへの出演も多数。

おしゃれが苦手《にがて》でもセンスよく見《み》せる
最強《さいきょう》の「服選《ふくえら》び」

2016年11月1日 第1刷発行
2018年10月15日 第13刷発行

著者 大山《おおやま》 旬《しゅん》
発行者 佐藤 靖
発行所 大和《だいわ》書房
東京都文京区関口1-33-4 〒112-0014
電話 03-3203-4511
本文印刷 シナノ
カバー印刷 歩プロセス
製本所 小泉製本

ISBN978-4-479-78363-3
乱丁・落丁本はお取替えいたします
http://www.daiwashobo.co.jp